O AMOR COMO REVOLUÇÃO

Henrique Vieira

O amor como revolução

4ª reimpressão

Copyright © 2019 by Henrique Vieira

Grafia atualizada segundo o Acordo Ortográfico da Língua Portuguesa de 1990, que entrou em vigor no Brasil em 2009.

Capa e foto
Chico Cerchiaro

Preparação
Fernanda Villa Nova

Revisão
Clara Diament
Erika Nakahata

Dados Internacionais de Catalogação na Publicação (CIP)
(Câmara Brasileira do Livro, SP, Brasil)

    Vieira, Henrique
       O amor como revolução / Henrique Vieira — 1ª ed. — Rio de Janeiro : Objetiva, 2019.

    ISBN 978-85-470-0083-7

       1. Amor — Aspectos religiosos 2. Conduta de vida 3. Espiritualidade 4. Religião e política 5. Religião e sociologia I. Título.

19-25352   CDD-261.7

Índice para catálogo sistemático:
1. Religião e política : Teologia social   261.7

Iolanda Rodrigues Biode — Bibliotecária — CRB-8/10014

[2021]
Todos os direitos desta edição reservados à
EDITORA SCHWARCZ S.A.
Praça Floriano, 19, sala 3001 — Cinelândia
20031-050 — Rio de Janeiro — RJ
Telefone: (21) 3993-7510
www.companhiadasletras.com.br
www.blogdacompanhia.com.br
facebook.com/editoraobjetiva
instagram.com/editora_objetiva
twitter.com/edobjetiva

*Para Maria Inácio Vieira, filha,
utopia que se materializou diante dos meus olhos.*

Sumário

Oração da felicidade 9

Meu encontro com o desamparo 11
O amor como atitude revolucionária 31
O fundamentalismo religioso como produtor de ódio 48
Jesus para o nosso tempo... 72
Amar os opressores... será? 93
O medo não é bom conselheiro 107
O racismo é o chão da história do Brasil 119
Entre no seu quarto e feche a porta 147

Epílogo: Há um menino 155

Agradecimentos 161
Notas 163

Oração da felicidade[*]

Que todas as crenças religiosas sejam respeitadas
   e até mesmo a não crença religiosa.
Que possamos comungar na crença da humanidade,
   da diversidade e do bem comum.
Que seja declarada justa toda forma de amor.
Que nenhuma mulher seja alvo do machismo estrutural.
Que a juventude negra não seja alvo do extermínio.
Que Marias Eduardas não sejam assassinadas dentro da escola.
Que Marquinhos da Maré não sejam assassinados indo para a escola.
Que Marielles possam chegar em segurança a suas próprias casas.
Que todo agricultor tenha uma terra para plantar, que todo sem-teto
   tenha uma casa para morar.
Que os indígenas sejam respeitados nas suas crenças.
Que as fronteiras acabem e as armas caiam no chão.
Que a felicidade venha sobre nós respeitando toda dor
   e consolando toda lágrima,
porque felicidade de verdade só é possível sob a bênção da comunhão.
Amém.
Axé.
E o que de mais universal existe: Amor.

[*] Oração feita no programa da Rede Globo *Amor e Sexo*, que foi ao ar em 4 de dezembro de 2018.

Meu encontro com o desamparo

Aos dezesseis anos eu soube que minha vida não seria mais a mesma. Uma neurite óptica bilateral afetara grande parte da minha visão e ninguém sabia o porquê. Eu podia ficar cego. Até aquele momento minha história não tinha sido exatamente fácil, mas as coisas estavam melhorando. Uma bolsa integral de estudos me garantiria um ano mais tranquilo, sem ter de trabalhar, e fiz muitos planos. Então minha vista começou a embaçar e de repente eu estava internado num hospital universitário recebendo corticoide na veia e me sentindo despedaçado. Não havia nada a fazer além de torcer para que em outro lance inesperado a vida me concedesse uma trégua. Chorei muito diante de Deus. Eu me senti impotente diante das circunstâncias da vida. Percebi ali que não comandava o destino e que minhas escolhas, tão meticulosamente planejadas, eram extremamente vulneráveis. Teria de me mover de acordo com as circunstâncias, e o desamparo que senti diante dessa constatação é o ponto de partida deste livro.

A propósito, não fiquei cego, embora minha visão não tenha se recuperado totalmente. Mas isso não é o que importa, e espero que você saiba a razão quando chegar ao fim deste livro.

* * *

A sensação de desamparo do ser humano é, para mim, uma discussão muito ampla e fundamental em nosso tempo. Acredito que por trás de discursos e comportamentos violentos há um grande medo da vida, uma profunda insegurança existencial. De que forma o desamparo se relaciona às práticas de ódio e o que podemos fazer para construir um mundo efetivamente melhor são questões que me movem há muito tempo. Elas pautam meu dia a dia, constituem minha caminhada como ser humano, pastor, pai, marido, filho, amigo e cidadão. Portanto, a pergunta é: como reagir ao inevitável desamparo da vida?

Vamos começar pelo começo.

Os discursos e práticas de ódio têm aumentado no Brasil e no mundo, gerando ambientes tensos, até mesmo perigosos, porque desgastam as relações humanas e impõem a violência. Eles habitam nosso microcosmo: o ambiente de trabalho, os transportes públicos, as igrejas, as empresas, as redes sociais e até mesmo o espaço familiar. Também estão nos discursos das mais diversas entidades públicas e privadas, na aplicação das leis, nas falas de autoridades e governantes. Mas, afinal, de onde vem tanto ódio? Será que de fato o ódio tem aumentado ou é simplesmente uma questão de índole e caráter? Pode ser uma escolha ou é mero reflexo? Para compreender esse fenômeno, temos uma longa caminhada pela frente, mas o primeiro passo é observar o desamparo da condição humana e quais as possíveis respostas a ele. Porque, quando vistos de perto, os dispositivos de ódio são na verdade reações ao drama que é a própria vida.

Temos a impressão de que viver em sociedade está cada vez mais difícil, de que não conseguimos mais construir relações genuínas. Vivemos a sensação de não termos com quem contar, de não nos sentirmos seguros, acolhidos, e vivemos com medo de julgamentos e competições. Ainda que haja uma abundância de palavras, a incapacidade de nos comunicarmos e de sermos compreendidos é a regra. A impressionante quantidade de informações disponíveis no mundo moderno convive, em igual medida, com a dificuldade de nos informarmos.

Nas palavras do cantor e compositor Criolo, "os bares estão cheios de almas tão vazias".* Ou seja, mesmo nos momentos de encontro e festa, somos tomados por um vazio intenso que nos rouba a sensação de conforto. Nessa solidão há um drama existencial que atravessa todas as pessoas, uma comunhão universal na condição do desamparo. Estamos todos no mesmo barco.

Colocando a questão em perspectiva, essa é uma condição que não depende de contexto histórico e geográfico, porque é a premissa do ser humano. Somos uma potência frágil: podemos quase tudo e quase nada ao mesmo tempo. Fazemos planos, acalentamos sonhos e somos capazes de realizar coisas grandiosas, mas tudo pode mudar de uma hora para outra. Não controlamos as variáveis da vida. Como garantir que o dia seguinte será como planejamos? Como proteger as pessoas que amamos? Esta é a nossa singularidade e também o nosso drama: o ser humano não somente vive, mas sabe que vive. Para além de uma complexa rede de fenômenos bioquímicos que nos traz vitalidade orgânica, temos a consciência de nossa humanidade. Liberdade e angústia resultam dessa consciência.

A vida nos convida diariamente a encarar sua beleza e tragédia. A maneira como lidamos com essa condição de desamparo é que determina os relacionamentos humanos. Tendemos à negação, ao entretenimento permanente, às distrações contínuas, ao barulho

---

* Da canção "Não existe amor em SP".

incessante que nos livra do incômodo do silêncio. E por que o silêncio incomoda? Porque de alguma maneira evoca a reflexão, o confronto com nossa condição mais profunda e as verdades que não contamos para nós mesmos. O silêncio é um espelho, uma nudez da alma, um choque, um encontro marcado com o vazio que há em cada um de nós.

Durante muito tempo, sempre que eu chegava em casa, imediatamente ligava a televisão, mesmo que não quisesse ver nada. Enquanto passava a roupa, arrumava os livros ou varria a casa, deixava a televisão ligada. Descobri que fazia isso por causa da distração do barulho, e porque tinha me desacostumado a conviver comigo mesmo. Eu não gostava do silêncio, e minhas tarefas diárias me pareciam entediantes e infrutíferas. Esse é um exemplo de uma das velozes engrenagens de uma sociedade da multidão, e não da comunhão; de performance e produtividade, não de acolhimento à individualidade. Percebi que a televisão constantemente ligada era uma forma de negar o desamparo. Uma forma sutil, mas real.

São esses detalhes do cotidiano que revelam nossa dificuldade em parar, respirar, refletir, contemplar. Talvez por isso os shoppings estejam cheios e as praças públicas, cada vez mais vazias. Parece que só podemos conviver com o outro mediados pelo consumo e pelo entretenimento. Ou que apenas com muitas distrações conseguimos suportar uns aos outros. O bate-papo despretensioso, a troca de olhares e o contato físico, assim como um abraço sincero, estão entrando em extinção. Uma escuta atenciosa demanda paciência. Vivemos o tempo da atualização permanente das redes sociais, do acompanhamento minuto a minuto pelo WhatsApp, e há sempre mais uma ligação a fazer, mais uma mensagem a enviar, mais um projeto a desenvolver. Essa agenda acelerada, obviamente, é fruto de demandas externas, mas pode ser também de uma demanda interna que não nos deixa parar nunca. Esse desespero implícito — e não confessado — mexe conosco porque nos deixa impacientes, menos generosos, menos preparados para o convívio. É aí que entram os dispositivos de ódio, que ganham força com nossa imaturidade emocional para lidar com o desamparo da vida.

Partimos para as relações humanas com sede de aceitação e completude, então acabamos projetando nas pessoas expectativas ilusórias que só podem gerar frustração. Na verdade, nenhuma relação humana, por mais próxima, íntima e saudável que seja, é capaz ou deveria ter como objetivo nos livrar do desamparo. No entanto, o reconhecimento desse fato não deve nos levar à apatia ou ao desencanto, ao contrário. É diante desse encontro com a fragilidade da vida que temos a oportunidade de aproveitá-la com mais consciência e gratidão. Se percebermos os nossos próprios limites, acolheremos melhor os limites dos outros. Se formos generosos conosco, tenderemos a ser mais generosos com os outros. Se formos capazes de reconhecer que não podemos solucionar todos os problemas das pessoas que amamos, estaremos mais aptos a perceber que as pessoas que nos amam não podem resolver todos os nossos problemas. Isso significa que nos abriremos a relações mais saudáveis e, consequentemente, mais profundas.

Estamos sozinhos, mas não solitários. Uma perspectiva mais comunitária cria ambientes em que os dispositivos de ódio, derivados do desamparo, não se tornam ações destrutivas. O fascismo é o modelo comportamental que se alimenta estruturalmente da intolerância, da incapacidade de convívio com as diferenças e da necessidade permanente de controle e domínio sobre os outros. Se, em última instância, ambientes fascistas se constroem pela dificuldade de lidarmos com o desamparo da vida, o resultado é a liberação do ódio, o desejo permanente de vingança, a escolha de inimigos pela incapacidade de aceitar a diversidade.

Há algo de fascista em cada um de nós, pois é mais fácil distribuir raiva e frustração do que refletir sobre nossas verdadeiras motivações. Aliás, são raros os momentos em que conseguimos olhar para dentro em busca de nossa própria verdade. Mas a caminhada da comunhão envolve perseverança. A insistência na vida comunitária e democrática é o melhor caminho para enfrentarmos os dispositivos fascistas que existem nas sociedades e em cada um de nós.

Se estamos fechados em nossos próprios problemas e tristezas, não podemos conviver com a pluralidade de pensamentos e a diversidade de comportamentos. O ódio impede que tenhamos paciência para produzir consensos. Nos modelos de sociedades autoritárias, percebam que há uma autoridade capaz de silenciar as vozes dissonantes, porque ela é capaz de — artificialmente, é óbvio — aplacar esse medo existencial e essa sensação de desamparo. A melhor maneira de combater discursos e práticas fascistas é promover cada vez mais os espaços de sociabilidade e convívio, mas também precisamos reconhecer a semente desses discursos e práticas em cada um de nós.

Como reagimos ao desamparo, eis o cerne da questão.

Retorno então aos meus dezesseis anos e àquele momento em que conheci o desamparo, ou melhor, o reconheci. Eu estava terminando o segundo ano do ensino médio e, como disse, tinha acabado de ganhar uma bolsa integral para o terceiro ano. Era um motivo especial de felicidade, porque eu sabia do enorme esforço que minha mãe fazia para garantir meus estudos em uma boa escola. Ela era professora da rede pública, e meu pai, alfaiate, estava desempregado fazia tempo. Naquele ano, estudei de manhã e trabalhei à tarde numa empresa de informática, onde aprendi sobre montagem e manutenção de computadores e fiz serviço de banco. Era um trabalho que não tinha nada a ver comigo, contudo, eu precisava ajudar em casa, e era bom ter o meu próprio dinheiro. Então, no fim, a notícia da bolsa foi uma dupla alegria: minha mãe não precisaria mais pagar a escola e eu poderia largar o emprego.

Naquele período, eu também estava fazendo novos amigos na igreja. E, sim, foi nessa época que comecei a me entrosar, conhecendo pessoas incríveis, me inserindo em um grupo do qual sempre quis participar. São coisas simples, mas para mim muito importantes. Eu era tímido, então ficava de longe observando aqueles adolescentes conversando após os cultos, marcando de ir à praia, ao cinema, de viajar juntos. Como eu queria participar! Estávamos no final de 2003, e me lembro da data com exatidão porque foi quando comecei a me soltar, a contar piadas, a chegar às rodas de conversa por conta própria. De repente, comecei a ser convidado, lembrado, e aquilo era simplesmente maravilhoso.

A vida é assim, não é mesmo? Geralmente não são os acontecimentos espetaculares que dão sentido à nossa existência, mas essas pequenas conquistas cotidianas.

Num domingo à noite, 7 de dezembro, meus amigos me chamaram para sair na segunda à tarde, meu primeiro dia de férias. A ideia era passear e depois comer brigadeiro no Campo de São Bento, um lugar com muito verde na cidade de Niterói, onde nasci e cresci. "Olha, pessoal, amanhã à tarde tenho oftalmologista. Se acabar cedo eu ligo e encontro vocês", avisei. Esse era o plano.

Apesar de ter acabado de trocar meus óculos, minha visão andava muito embaçada. Provavelmente era uma questão de adaptação aos novos óculos, nada de mais, pensava. Eu usava óculos desde os cinco anos, devido a hipermetropia e astigmatismo. Se depois do médico, no Hospital Universitário Antônio Pedro, não desse tempo de encontrar o pessoal, eu iria para a casa da minha avó e dormiria lá.

Na segunda, às catorze horas, eu e minha mãe fomos juntos à consulta. Fiz o clássico exame das letras, e não enxerguei nenhuma. O residente que me atendeu achou estranho e começou a mostrar os dedos das mãos, pedindo que eu dissesse quantos via, mas eu também não enxergava. Então ele examinou meu fundo de olho, pediu um minuto e foi chamar o médico preceptor e responsável pelo departamento. Na hora, senti medo e percebi que minha mãe também estava apreensiva. Nós nos demos as mãos e baixinho cantamos: "Se paz a mais doce eu puder desfrutar,/ Se dor a mais forte sofrer,/ Oh, seja o que for,/ Tu me fazes saber/ Que feliz com Jesus sempre sou".*

Naquele momento, por intuição, eu soube que minha vida não seria mais a mesma. O médico voltou e deu o diagnóstico: neurite óptica bilateral. Eu precisaria ficar internado para pesquisa da causa e tratamento. O meu nervo óptico, responsável por conduzir a imagem do globo ocular até o cérebro, estava inflamado; por isso eu estava tendo uma rápida e significativa perda visual. O tratamento seria pulsoterapia, que em outras palavras significa receber doses cavalares de corticoide na veia em sessões

---

* Do hino "Sou feliz com Jesus" (letra de Horatio Gates Spafford e música de Philip Paul Bliss; título original: "It is well with my soul").

de duas ou três horas, e ainda teria de fazer uma série de exames para detectar a causa do problema, pois só assim teríamos a dimensão da gravidade e do prognóstico. Poderia ser algo simples, como uma virose, ou mais complicado, como esclerose múltipla ou tumor cerebral. De acordo com o que fosse, eu poderia ou não recuperar a visão.

Naquele primeiro dia de férias, saí de casa com a mochila nas costas disposto a encontrar com meus amigos no Campo de São Bento ou a ir para a casa da minha avó; no entanto, tive de lidar com a imprevisibilidade da vida. Eu não queria passar por aquilo, mas não havia absolutamente nada que eu pudesse fazer — a vida tinha me atropelado, e eu me senti refém das circunstâncias.

Acabei ficando internado, mesmo assim minha visão só piorava. Eu já não conseguia ler, escrever, nem reconhecia as pessoas. Não importavam meus esforços, simplesmente não enxergava como antes. E essa acabou se tornando uma longa história que aqui vou resumir. Nos meses que se seguiram, muitas vezes chorei abraçado aos meus pais. Em oração, expressei a Deus minha raiva. Mas havia acima de tudo muito medo e dor. Eram exames e mais exames, e o tratamento me deixava enjoado, inchado, com bolinhas e manchas pelo corpo, além de alterar minha pressão arterial. Os médicos que discutiam meu caso eventualmente discordavam, o que só aumentava minha angústia. Uns defendiam que o tratamento com corticoide deveria continuar, outros que deveria parar porque não estava surtindo o efeito desejado. Nenhuma causa foi identificada.

Um dia, numa consulta, o médico fez vários exames e então pediu que eu e minha mãe esperássemos na recepção. Depois de um tempo, ele chamou apenas minha mãe ao consultório. Achei estranho. Fiquei sentado, suando, as mãos tremendo. Estava tão ansioso que resolvi me trancar no banheiro. Ali me ajoelhei, pedindo a Deus que me ajudasse. Eu não queria ter uma doença grave nem perder a visão. Resolvi então entrar no consultório. O médico explicava para minha mãe que minha resposta visual ao tratamento estava muito lenta, quase insignificante. Ele era contra a continuidade da pulsoterapia devido aos pesados efeitos colaterais (de alterações de humor e inchaço nos tornozelos a gosto metálico na boca), e sua hipótese central era a de uma doença neurológica degenerativa. Portanto, o prognóstico era de perda total da visão e outros problemas clínicos.

Voltei chorando para casa enquanto minha mãe ligava para outros médicos pedindo ajuda e orientação. Ela tentou me consolar o tempo todo, dizendo que era só uma hipótese, não um diagnóstico definitivo. Decidimos que no dia seguinte eu viajaria para Macaé, onde me levariam a outro oftalmologista, conhecido da família. À noite, não consegui ficar no meu quarto, dormi entre meu pai e minha mãe, como uma criança. Cada um deles, a seu jeito, me dava sustento naquele momento difícil: nos olhos de minha mãe via minha dor sendo compartilhada; meu pai, com semblante sempre sereno, me transmitia calma e confiança. Mais tarde, chegaram meus irmãos mais velhos, Guilherme e Marcelle, e todos juntos começamos a orar naquele quarto. Consegui me acalmar, e, pelo milagre da comunhão, aos poucos o sono foi chegando.

Com o tempo, a grave hipótese daquele médico não se confirmou. Mas quero chamar a atenção para outros raios de sol em meio à tempestade. Eu não fui até meus amigos naquela fatídica tarde do dia 8 de dezembro, mas meus amigos foram ao meu encontro. A enfermaria no Hospital Universitário Antônio Pedro, em Niterói, onde "morei" por duas semanas, ficava cheia todos os dias: tinha gente me abraçando, me distraindo, me fazendo sorrir ou chorando comigo. Até amigo oculto de chocolate fizeram. E então eu consegui rir em meio à dor. Todos choravam muito, talvez mais do que eu. Curioso, não é? A dor era minha, mas as lágrimas eram comuns. Eu não estava só. É evidente que era eu quem não conseguia enxergar, mas sentia uma energia de comunhão que me sustentava para lidar com o sofrimento.

Até que, finalmente, pude voltar à escola, mas precisava ser levado pela minha mãe, já que não conseguia andar sozinho. Todos se perguntavam como eu tinha ficado naquela situação. O ano de 2004 foi o mais difícil e o mais incrível da minha vida. No desamparo, experimentei o amor, a comunhão, o valor da amizade. Ah, são tantas histórias nessa história. Meus amigos se revezavam copiando a matéria do quadro para mim. Franco, Tiago Arruda, Tiago Silva e Julia foram meus olhos naquele ano escolar. Minha mãe confeccionou um caderno especial, bem grande, para facilitar minha debilitada leitura. O diretor financeiro da escola cedia sua sala para que minha mãe pudesse ficar ali, lendo os simulados para mim. O inspetor João copiava os exercícios em letra bem grande. Toda a escola, de alguma maneira, se adequou para dar conta da minha situação. O ano de vestibular, marcado pela concorrência, ganhou um novo significado com aquela extensa rede de solidariedade. Cada amigo abdicava de algo para me estender a mão, e viver em comunhão é assim, exige algumas renúncias. É claro que eu quis desistir inúmeras vezes, dizia que não queria mais consultas, exames nem aulas. Mas essas pessoas e seus incríveis gestos me deram alívio, fôlego e forças para prosseguir.

No fim do ano, fui fazer as provas do Instituto Benjamin Constant, instituição especializada em educação de deficientes visuais. Tudo novo, tudo estranho. Chegando lá, me deparei com vários adolescentes conversando sobre a ansiedade para as provas, o curso que queriam fazer, a profissão que tinham escolhido. Havia vida e sonhos de futuro ali. E todos eram cegos. Lembro que quando chegou a hora da prova alguns de nós precisavam ir para o segundo andar, mas um dos ajudadores não havia chegado. Como eu era o que melhor enxergava, quer dizer, o único, me pediram que guiasse uma menina até a sala. O nome dela era Raquel. E ela, sem saber, me mudou por dentro. Ela estava nervosa porque sonhava cursar letras e não sabia se conseguiria passar na prova. Será que tinha estudado o suficiente? E se desse um branco na hora? E ali, naquela conversa aparentemente banal, numa conversinha típica de qualquer estudante antes de uma prova, ela me consolou e me salvou. O mundo não tinha acabado para ela, nem para mim; ela era cega e estava tocando a vida com perseverança e expectativas para o futuro, muita vontade de viver! E eu? Ela me fez refletir sobre a minha situação e me inspirou a prosseguir. Se ela estava conseguindo, eu também poderia.

Não! Nunca me esqueci de Raquel.

No ano seguinte comecei a perceber minha visão voltando. Bem aos poucos, um detalhe aqui, outro ali. Comecei a ver alguns traços dos rostos das pessoas; depois, mesmo com dificuldade, voltei a ler. Então, minha visão periférica foi se abrindo, embora o foco central continuasse muito comprometido. É assim até hoje. Uma vez, já com a visão mais recuperada, fui para a quadra da igreja e sentei na arquibancada para assistir a uma partida de futebol dos meus amigos. Sou completamente apaixonado por futebol, sempre gostei de jogar e, como muitos garotos e garotas, tinha o sonho de ser profissional. (E eu jogava muito bem, embora nem todos concordem com isso. Fazer o quê, né?) Mas o que importa é que eu estava vendo a bola, identificando os times, percebendo os limites da quadra. Então, depois de dois anos, respirei fundo e decidi entrar no jogo. Fui ao banheiro, coloquei o short, a meia e o tênis. Conforme me arrumava, me emocionava. Era um rito, uma celebração, uma superação. Eu estava enxergando e ia jogar bola.

Entrei na quadra, errei todos os passes, caí duas vezes e meu time perdeu em menos de cinco minutos. Parecia que eu tinha corrido uma maratona, fiquei exausto. Mas você acha que saí triste? De jeito nenhum. Eu estava feliz. Sentei na arquibancada novamente, respirei fundo, abaixei a cabeça. Vieram à minha mente o dia 8 de dezembro, a internação, o Campo de São Bento, a casa da minha avó, o Instituto Benjamin Constant... tantas imagens, sons, cheiros, risos, lágrimas. De repente senti uma mão no meu ombro esquerdo, outra no ombro direito. Preferi não olhar. Então senti outra mão na minha cabeça, e ainda outra no peito. Quando abri os olhos, vários amigos estavam me abraçando e se abraçando, todos muito emocionados. Ali eu vi a minha vida sob a perspectiva deles, a minha alegria celebrada em outros semblantes. E senti que em toda a minha solitária caminhada nunca fora abandonado.

Essa não é a história mais barra-pesada do mundo, porque há situações bem mais difíceis e trágicas por aí. Sei que eu poderia não ter recuperado a visão, como acontece com muita gente, mas a questão é que uma fragilidade do meu corpo me apresentou à imprevisibilidade da vida. O que importa é que o afeto da comunhão foi o meu suporte para carregar uma dor que, inevitavelmente, era minha. Essa história só revela isto: não temos controle sobre tudo, não podemos nos blindar das vicissitudes nem proteger totalmente as pessoas que amamos.

Infelizmente, no extremo oposto, da vontade de controle e de domínio nascem os dispositivos de ódio. O limite da minha visão — e até hoje eu enxergo com uma mancha verde no centro — de alguma forma me lembra desse lugar que é só meu e que ao mesmo tempo me vincula ao que de mais generoso existe. Bem, se a dor não é bendita, que seja bendita a possibilidade de dar sentido à vida, encarando-a com determinação.

Para compreendermos os dispositivos de ódio, além da dimensão existencial, que nos atravessa, há as dimensões histórica, econômica e política. O ódio é tanto uma explosão de sentimento quanto uma ação concreta. Ele invade o sentimento e lança para o outro seu olhar de aversão e vingança. É uma pulsão destrutiva, irracional, que não passa pela autocrítica. Uma pessoa tomada pelo ódio não quer conversar, ouvir, ponderar, refletir sobre suas práticas. O ódio não conhece o futuro, porque ele é explosão do momento, veículo pelo qual a mágoa e o ressentimento encontram espaço para se concretizar. Mas também é uma experiência tipicamente humana, que está em todos nós. Não é uma opção, mas algo que inevitavelmente nos atravessa. O ódio habita esse lugar, inescapável, que é nossa dimensão destrutiva. Quem consegue controlar totalmente os sentimentos?

A negação dessa dimensão é um problema grave. Quantas pessoas ouvem que não podem sentir raiva, que não podem expressar suas angústias, que não podem questionar os pais, que não podem ter dias difíceis, que não podem ter momentos de antipatia, frieza e insensibilidade? Sucumbir à exigência de estar sempre bem, irradiando as qualidades mais puras do mundo, não é a saída: é apenas represar e inibir. Porque, de alguma forma, o ódio arruma um jeito de sair, e, possivelmente, com mais força e capacidade destrutiva.

As propagandas e redes sociais sempre mostram pessoas felizes e satisfeitas. A exigência moral da felicidade permanente, da estética-padrão, do sucesso em tudo, gera expectativas ilusórias, frustrações cotidianas e impaciência crônica. São muitas as máscaras sociais que temos de vestir na escola, no ambiente de trabalho e até mesmo dentro de casa. Máscaras que escondem rostos cansados, semblantes tristes. (Também há o oposto: rostos luminosos e olhares vibrantes enquadrados em doutrinas repressoras, mas falarei disso um pouco mais para a frente.)

Seja como for, individualidades reprimidas geram saídas destrutivas para a vida social. Por trás de todo discurso de ódio, podem ter certeza, existe um "eu" calado e inseguro. Enquanto as pessoas não aprenderem a se aceitar e a se amar, continuarão partindo para as relações humanas com pouca generosidade e muita impaciência. No fundo, há uma enorme ânsia de que as relações que estabelecemos nos livrem de nossa própria limitação.

É fundamental perceber que o conflito faz parte da vida em sociedade. Não dá para imaginar uma sociedade sem conflitos, isso só seria possível por meio de regimes autoritários, totalitários e ditatoriais e, ainda assim, de maneira forçada e artificial. Uma pessoa sozinha, isolada numa ilha, já entraria em conflito consigo mesma, não é? Imagina em dois, em três, em família, em grupo... A questão é como transformar pulsões destrutivas em pulsões construtivas e criadoras de beleza, alegria e vida plena. Por isso, afirmo, nós, seres humanos frágeis e cheios de ódio interior, somos capazes das ações mais belas e potentes de amor.

Mas, primeiro, é preciso um exercício de autoacolhimento e aceitação. Já reparou como as crianças são livres e espontâneas? No entanto, com o tempo, elas inevitavelmente se depararão com uma série de interdições, regras e formatações comportamentais. É evidente que a vida em sociedade requer arranjos e limites, contudo, não podemos nos restringir à incessante satisfação das expectativas sociais. Deve haver equilíbrio. Se você cala demais suas pulsões, elas podem, quando incontidas, ser violentas.

Em 2015, fiz um curso livre de teatro na Casa das Artes de Laranjeiras, a CAL, no Rio de Janeiro, de criação de palhaços. Falo disso porque a arte do palhaço, na minha formação como indivíduo e ator, tem muito a ver com esse assunto. O palhaço ri de si mesmo, fazendo de suas fraquezas a matéria-prima de sua arte. O palhaço só nasce a partir do encontro com esse desamparo intrínseco à vida. Ele não aponta para o outro, mas encara o espelho que revela o mais profundo da sua existência. Quando se liberta das categorias de juízos sociais, ele resgata a infância. Meu palhaço, por exemplo, dança todo desengonçado. Sabe por quê? Porque eu não sei dançar. Quantas vezes fiquei observando meus amigos dançando nas festas, e logo se formavam rodas em torno deles, todos no mesmo ritmo, com os mesmos passos, a mesma vibração. Todos... não. Menos eu. Na verdade, eu tentava timidamente quando ninguém estava olhando, arriscava um ou outro passo mais ousado, mas logo voltava para a segurança do dois pra cá, dois pra lá. Eu tinha inveja dos meus amigos, essa é a realidade. Pois bem, essa fraqueza se tornou a potência criativa do meu palhaço. O nariz vermelho é o dispositivo simbólico que me autoriza a brincar comigo e, assim, reinventar o mundo.

E ainda me lembro do batismo do meu palhaço. Era uma turma ótima, as aulas sempre começavam com cirandas, havia um ambiente de acolhimento e leveza. Entre aplausos, lágrimas e risos, cada palhaço começava a nascer. O batismo é quando a gente ganha o nariz e escolhe o nome. Lembro-me de caminhar até o fundo da sala, de ficar de costas para a professora e para a turma. Ainda de costas, lentamente, coloquei o nariz. O desafio era que, ao virar para a plateia, o palhaço se revelasse. Desse jeito simples mesmo: sem roteiro, sem nenhuma orientação ou ensaio. Parece bobagem, mas dá uma vergonha, um medo. E se ninguém achar graça? E se na hora eu travar? Mas deu tudo certo. O ambiente ali era de acolhimento, não de juízo. Na hora, senti uma vontade estranha de me deixar levar pelo vento. Meu corpo foi se desequilibrando, ficou meio mole, pendia para um lado, para o outro. Comecei a tocar o rosto das pessoas como se não soubesse o que era um ser humano. E fui me sentindo leve, tão leve como uma folha, uma pena, uma pluma, não... como uma rabiola. E nasceu ali o Rabiola, o meu palhaço.

Sabe o que é interessante? Sou uma pessoa ansiosa e preocupada, talvez porque desde cedo tenha tido muitas responsabilidades. Mas também sempre fui um brincalhão. Na escola, era ao mesmo tempo bagunceiro e excelente aluno. Depois, na igreja, desenvolvi liderança e atividade política em movimento estudantil, luta antimanicomial, entre outros. Ainda adolescente, fui líder do Ministério de Adolescentes numa igreja conservadora. Lá eu acompanhava pastores em visitas, coordenava estudos bíblicos com outros jovens, pregava em cultos nos lares. Eles me chamavam carinhosamente de pastorzinho, mas aquela função significava uma carga pesada de expectativas morais. Só hoje entendo melhor o que passei naquele contexto. Para vocês terem uma ideia de como era, certa noite fui a uma festa de casamento de um casal de amigos. Teve dança, todo mundo se divertiu muito, foi ótimo. Simples, certo? Mais ou menos. Dias depois, houve uma reunião no gabinete pastoral porque algumas pessoas ficaram escandalizadas com o fato de ter dança no casamento, e algumas delas fizeram uma grave denúncia: Henrique, o líder do Ministério de Adolescentes, um exemplo para a juventude, estava lá no meio, dançando. Se ao menos a questão fosse o fato de eu dançar pessimamente, ainda faria algum sentido. Mas, brincadeiras à parte, eu vivia em um ambiente que gerava esse tipo de questão.

É impressionante como a liberdade do corpo desmonta e desafia ambientes e discursos fundamentalistas (falarei disso melhor em outro momento). Para mim, aquele julgamento foi mais do que uma simples interdição sem sentido, pois a instituição que me criticava era a mesma que me permitia viver experiências incríveis de aconselhamento e de pregação da Palavra. E era, inclusive, onde eu me divertia, como o adolescente que era. Não, não era um local ultraconservador, não imaginem assim. Porém, a dimensão corporal era extremamente delimitada por uma expectativa comportamental rígida e desproposital.

Há outra recordação, mais ou menos dessa época, que coincidiu com meu primeiro semestre como estudante de ciências sociais da Universidade Federal Fluminense, em Niterói. Eu estava fazendo amigos, expandindo meus horizontes, mas continuava na liderança do Ministério de Adolescentes. Uma sexta-feira à noite, uma menina me chamou para ir à chopada depois da aula. Desconversei e respondi que ficaria tarde para voltar para casa. Dizia isso com a boca, enquanto internamente gritava: "Sim, quero muito ir!". Então ela disse que eu poderia dormir na casa dela. Aí tudo ficou mais confuso e excitante. A gente já vinha se aproximando, conversando cada vez mais, e rolava um clima.

Passei o restante das aulas com o coração acelerado, inebriado pela possibilidade de ficar com ela. Mas, ao mesmo tempo, me interditava, tentava me convencer de que era errado sair para beber com os amigos, que ficar com alguém sem compromisso era pecado. Só de me imaginar dormindo na casa dela, sentia arrepios de adrenalina e culpa. Vou, não vou; quero ir, mas não devo; posso ir, ninguém vai saber; calma aí, eu vou saber! Mãos suadas, cabeça rodando. Quanto peso na consciência!

No fim, quando ela insistiu pela última vez, respirei fundo e respondi que não ia. Peguei o ônibus para casa com a consciência tranquila, mas aquela foi uma noite triste. Meu corpo não foi, mas meu pensamento viajou até a chopada e até os lábios daquela menina. Hoje sei que é possível me divertir com responsabilidade. Contudo, eu estava marcado por muitas exigências e cobranças, e ainda sobrevivia em minha mente a ideia de um Deus vigilante, policial do corpo, inibidor dos afetos, inimigo dos desejos e um tanto quanto punitivo. Eu já conhecia o Deus da graça, da ética, do amor, da amizade profunda, mas ainda era atravessado por mecanismos internos e externos de repressão religiosa. Não foi à toa que nasceu o Rabiola, conseguem compreender?

Rabiola não tem nada a ver comigo, mas, ao mesmo tempo, sou eu e minha busca por mim. Rabiola é criação minha, mas também é fruto do coletivo. Foi necessário um ambiente que permitisse que minha individualidade aflorasse, pois um ambiente competitivo e hierarquizado inviabiliza o nascimento de um palhaço. Em cada ciranda, em cada jogo de improviso, em cada brincadeira, em cada cena, eu me revelava a outras pessoas, mas havia o caminho inverso, elas também se revelavam. O palhaço só pode nascer do afeto que é fruto da construção coletiva. É um equívoco pensar que o modelo capitalista civilizatório pode, de fato, realizar e satisfazer os indivíduos. Ilusão de autonomia numa sociedade brutalmente desigual que esgarça os laços de sociabilidade. O palhaço é livre porque, em algum momento, encontrou uma roda capaz de acolher seu silêncio e dar espaço à sua criação. Não sei se me fiz entender, mas a palhaçaria estava tratando do meu ódio, transformando minhas carências e frustrações em criação lúdica. Cada um precisa descobrir seu nariz de palhaço e acolher o desamparo para florescer e dar ao mundo seu melhor.

O amor como atitude revolucionária

Sua casa era expressão de aconchego, seu colo confortável. Quando penso em minha avó me lembro dos doces que fazia, especialmente do pavê de chocolate, e das partidas de dominó e adedanha, das orações sempre tão plenas de afeto e gratidão. Era Flamengo para agradar a maioria dos netos, mas de vez em quando torcia para o Fluminense para não entristecer a minoria tricolor. Saudável e esperta conciliação. Seu olhar transmitia saudade e serenidade. Saudade porque, chegando aos noventa anos, já havia perdido muitas pessoas que amava, inclusive o marido (vovô Sebastião), com quem viveu por mais de sessenta anos. Serenidade porque, a despeito dos traumas e das feridas da vida, mantinha uma elegante tranquilidade e confiança no futuro. Eu me sentia seguro em sua presença. Com ela, o mundo ficava mais simples e colorido. Queria ter aproveitado melhor o tempo que tivemos juntos, queria ter tido o poder de protegê-la, impedindo o fim de sua história.

Quando a visitava, era sempre muito bom. Na hora da despedida, um abraço apertado e quentinho, um dedo de prosa a mais. Então eu descia as escadas do prédio, chegava à rua do condomínio e ia caminhando em direção ao portão de saída. E sempre, e quero enfatizar esse *sempre*, que eu chegava mais ou menos no meio desse caminho, olhava para trás e lá estava ela na janela, acenando em despedida com seu sorriso terno, me abençoando.

Às vezes me pergunto: o que mais precisamos da vida? Não são as pequenas atitudes que carregam consigo grande valor? Fui poucas vezes à sua casa depois que ela partiu, mas é estranho caminhar por aquela rua, olhar para trás e ver a janela vazia. Consigo resgatar sua presença na memória, desenhar seu rosto na minha imaginação. Ela só desejava que eu fosse feliz, e isso tem uma força impressionante. Saudade é o que sinto dela. Ela me marcou tanto que suas atitudes moram em minha própria existência. Ela permanece em mim, e eu deixarei parte dela em outras pessoas. E talvez essa seja uma das possíveis definições de vida eterna. Assim era vovó Ruth, e aquela janela nunca mais será a mesma.

Ainda bem pequenininho, aprendi que ela era minha melhor amiga. Ela me amou e ama da maneira mais parecida com aquilo que imagino ser o amor de Deus: visceral, desinteressado, incondicional. Ela chora as minhas lágrimas e vibra com minhas conquistas. Sua casa é até hoje refúgio e abrigo. Cheguei lá uma vez, bem tarde da noite, procurando ajuda. Foi uma época em que me sentia perdido. Ajoelhei-me diante da sua cama e protestei contra os absurdos da vida, falei dos meus fracassos e da desesperança que sentia. Confessei minha impotência e a falta de vontade para prosseguir. Ela me abraçou. Não me julgou, me ofereceu seu colo.

Sei que ela tem medo dos meus caminhos e das minhas escolhas. Mas ela sabe que sou pássaro e que não pode conter ou definir o meu voo. Posso decepcioná-la, mas ela nunca fecha as portas do seu coração. Ela limpa meus óculos, põe minha cabeça em seu colo e acaricia meus cabelos. Ela vem à minha casa para cuidar de mim, de minha esposa e de minha filha. Tem voz serena, sorriso terno. Ela fala por atitudes de cuidado e zelo e lembra que meu mundo tem companhia, gente que torce por mim. Sei que, se eu cair, haverá uma mão estendida, ainda que a gente discorde de muitas coisas. Ela é filha de Ruth, é Glaucia, minha mãe.

Eu estava no primeiro ano do ensino médio. Gostava da escola, da relação com os professores, das amizades que fiz ali. Era um ambiente que misturava reflexão crítica, engajamento social e afirmação da cidadania. Um dia foi apresentado aos estudantes um projeto transdisciplinar chamado "O que é loucura?". Os professores de todas as matérias se envolveram e participaram do projeto. Assistimos a diversos filmes sobre o tema, como *Bicho de sete cabeças*, *Garota interrompida* e *Um estranho no ninho*. Depois de cada filme, havia debates e interessantes reflexões.

Assistentes sociais, psicólogos e psiquiatras também foram à escola debater conosco e aprofundar a questão. Passamos a estudar o conceito de loucura ao longo da história a partir de textos, quadros, documentários, filmes, poesias. Começamos a questionar o conceito de normalidade; afinal, de perto, quem é normal? À medida que o projeto avançava, mais intrigante ficava a reflexão. Começamos a perceber a loucura para além de um transtorno mental e entendemos como existem definições políticas e socioculturais a respeito de quem são os loucos. No campo religioso, uma experiência religiosa que não se enquadrasse nos dogmas e estruturas eclesiásticas vigentes poderia ser tachada de loucura, bruxaria ou crime. Assim aconteceu na Idade Média. Esse é apenas um exemplo de como a categoria "louco" foi usada para excluir quem pensava e agia diferente do que era considerado "normal". Afinal, condutas desviantes nem sempre são patológicas. Aliás, podem ser saudáveis e necessárias. Também lemos e pesquisamos bastante sobre a violência dos manicômios, instituições de domínio, controle de corpos e violação estrutural de direitos básicos.

Eu me encantei tanto pela temática que comecei a pesquisar sobre a luta antimanicomial, um movimento que visa substituir os hospícios por uma rede mais ampla de serviços, possibilitando uma prática mais humanizada no cuidado da saúde mental. A ideia é também integrar a pessoa com transtorno à sociedade, mantendo vivos seus vínculos familiares e de amizade. As internações, portanto, acontecem apenas quando estritamente necessárias. Ao longo dos anos, conheci profissionais que têm trabalhos exemplares nessa área, lutando por políticas públicas que desenvolvam redes de atendimento e serviço de qualidade. Gostaria de frisar seu aspecto multidisciplinar, ou seja, o cuidado com o paciente não é monopolizado pela figura de um médico. E os medicamentos, geralmente usados de modo indiscriminado, só podem ser ministrados em negociação com o paciente e a família. Um dos pressupostos da luta antimanicomial é justamente horizontalizar o máximo possível a relação entre o indivíduo com algum transtorno mental e os profissionais de saúde que o assistem. É enfatizar que pacientes são pessoas e, como tais, devem ser ouvidos e respeitados.

Voltando ao projeto da escola, o mais curioso, porém, foi sua conclusão. Depois de muitas reflexões e debates, fomos visitar o Hospital Psiquiátrico Penal do Complexo Frei Caneca, no Rio de Janeiro. Isso mesmo que você leu. Estudantes do primeiro ano do ensino médio fazendo uma excursão a um hospital para pessoas que cometeram crimes. Elas estão lá porque houve a avaliação de que não estavam em seu perfeito estado mental na época do crime, e dependem de análise médica para obter alta. O que frequentemente acontece é que elas ficam muito tempo internadas e com poucas perspectivas de alta. De todo modo, imagine como foi chegar em casa e pedir a meus pais para assinarem o documento de autorização. Não era um passeio a um museu, um sítio ou parque de diversões, iríamos visitar presos loucos, duas imagens que, em nossa sociedade, despertam sentimentos como aversão, desprezo e raiva. São vidas "descartáveis", sem valor. É gente menos gente do que a gente nesse imaginário tão marcado por mecanismos de exclusão.

Fui para a visita profundamente instigado e tocado por todas as reflexões que vínhamos fazendo. Estava inquieto. Havia estudado muito sobre o assunto. Andamos até a rua Ary Parreiras, em Niterói, e pegamos um ônibus comum. Chegando ao hospital psiquiátrico, fomos logo levados à sala da direção. Eu procurava ansiosamente pelos internos, queria saber como eram, como se comportariam, como seria encontrá-los. Esse projeto foi uma espécie de marco, porque de fato ampliou meus horizontes. A partir daquele dia, surgiu em mim com muita força a necessidade de me vincular à luta geral por direitos humanos. As injustiças do mundo batiam cada vez mais fundo, e eu queria entender, atuar, intervir, me organizar coletivamente para me sentir mais potente. Ali eu cresci e vi a dor do mundo. Desde então, não consigo mais deixar de ver.

E a visita acabou sendo inesquecível por causa de um encontro. Quando começamos a caminhar e a conhecer as instalações, vi um menino, acho que tinha uns dezoito anos. Ele havia desenvolvido dependência química, mas não me lembro exatamente por qual razão estava ali. Durante a visita, nós conversamos muito. Ele me mostrou o lugar e contou coisas da sua vida, sobre a ausência de uma família, o vício em drogas, a dor de estar preso. Ele não batia com a suposta imagem de um preso louco, era só um menino com sua história, suas memórias, feridas, ausências, traumas, sonhos, acertos e erros. Um menino apenas dois anos mais velho do que eu. Na maior parte do tempo eu nem me lembrava de onde estava, pois a conversa fluía naturalmente. Ia acompanhando o grupo, e ele ali, sempre ao meu lado.

Quando os professores nos reuniram para o fim da visita, ele me olhou, o semblante marcado pela tristeza, e me fez uma pergunta simples. Não lembro seu nome e lamento por isso, mas, embora minha memória falhe nesse ponto, a pergunta ainda ecoa: "Pra onde você vai agora?". Aquilo me atravessou como uma espada, e nunca foi tão estranho responder "Vou pra casa". Abriu-se ali o imenso abismo social que nos separava. Percebi o tamanho do privilégio que é ter uma casa, um núcleo familiar de afeto e acolhimento. Naquela noite — era uma quarta —, eu ia assistir ao jogo do Flamengo pela televisão comendo o jantar feito por minha mãe. No dia seguinte, estaria na escola, dando prosseguimento aos meus estudos, encontrando meus amigos. O direito de ir e vir me pareceu uma dádiva.

Não sei o que aconteceu com ele. Nunca mais o vi, porém nunca o esqueci. Agradeço à escola por ter me levado até lá, ter mexido com as lentes que uso para enxergar o mundo. Agradeço a esse menino por ter conversado comigo e ter me feito aquela pergunta. Eu não saí dali o mesmo. Entendi que devemos ser solidários para lidar com o sofrimento, sem julgamentos. E não confundam solidariedade com pena, pois esse último é um sentimento vertical, de quem se sente superior. Meu coração sentiu compaixão, que é a capacidade de chegar perto do que o outro sente com horizontalidade. Como é bom quando a escola ensina para a vida.

* * *

Recentemente, caminhando com a minha esposa pelas ruas da Glória, um bairro do Rio de Janeiro, um morador de rua nos pediu dinheiro. Tiramos do bolso alguns trocados e entregamos a ele — uma atitude que não merece nenhum holofote. Minha esposa estava grávida, então o homem agradeceu, sorriu e disse: "Desejo um futuro feliz para o filho de vocês". Aquelas palavras me desestabilizaram, fiquei o dia inteiro pensativo. Mais uma vez me dei conta de como naturalizamos tragédias. O mais absurdo dos absurdos é quando o absurdo deixa de ser absurdo. O coração fica plastificado, frio e indiferente.

Mais do que uma questão de índole ou caráter, estou falando do sistema de valores de nossa sociedade, que gera uma cultura de indiferença e naturalização dos dramas sociais. Eu me flagrei várias vezes pensando nas palavras daquele homem sem casa, sem vínculos sociais, lutando para sobreviver e para ter o que comer naquele dia. Aquele homem desejou que nossa filha fosse feliz. A Maria nasceu tempos depois com um lugar para se alimentar, morar, brincar, estudar, desenvolver suas potencialidades. Aquele homem estava mergulhado na luta diária pela sobrevivência, sob o transitar mórbido dos pedestres e dos carros da cidade. Há pessoas sem casa e com fome nas ruas, e elas não são iguais aos carros, prédios, postes ou bancas de jornal; mas, de alguma maneira, elas se tornaram paisagem.

O aceno da minha avó, o carinho da minha mãe, a pergunta de um jovem preso e a saudação de um morador de rua. Qual a relação dessas histórias com o tema deste capítulo?

Meu desafio é tratar o amor como atitude. Sair do nível pessoal para chegar a um nível mais amplo e global. O desafio é retirar o amor de um lugar romântico, circunscrito à vivência de um casal. Pensem em como algumas palavras, de tão usadas, tornaram-se vazias de significado. "Amor" não pode ser uma delas. Percebo que há uma individualização do sentido do amor, geralmente visto como sentimento de afeição entre pessoas, nada além disso. Essa ideia do amor como um sentimento abstrato e relacionado unicamente à vivência de um casal pode criar alguns paradoxos. Se o amor fica circunscrito, pode conviver com as maiores atrocidades do mundo. Como mero sentimento, vazio de uma ética generosa, o amor pode coexistir com o racismo, o machismo, a lgbtfobia,* a violência, e por aí vai.

Pessoas que se amam profundamente podem produzir afirmações como "bandido bom é bandido morto", "viva a pena de morte", "o erro da ditadura foi ter apenas torturado e não matado", "imigrantes são vagabundos que querem viver à custa de quem trabalha", "moradores de favelas são marginais", "se errou, tinha que morrer mesmo". Os atos mais afetuosos podem vir de mentes que naturalizam a vingança, estimulam o extermínio e não se importam com o sofrimento alheio. Desse jeito, o amor vai ganhando um contorno alienante, despolitizado, sem implicações sociais, sem laços mais profundos de humanidade. Torna-se, assim, um culto ao romance, ao casamento idealizado, à casa como universo fechado, distante dos clamores da rua.

Nesse altar alienante, o amor perde relevância histórica, e nada tem a ver com os dramas mais profundos da humanidade. É possível amar em casa e querer que o mundo se exploda. É possível

---

* Da sigla LGBT, que significa: Lésbicas, Gays, Bissexuais, Travestis, Transexuais ou Transgêneros.

amar em casa e sair pela rua distribuindo raiva, intolerância, ódio e desejando violência como forma de punição. É possível criar bolhas relacionais em que só os "nossos" importam. É possível se emocionar em celebrações religiosas, fazer declarações apaixonadas a Deus e desejar a morte ou não se importar com a morte de quem pensa e age diferente. Nesse sentido, o amor permite beijos apaixonados em meio a um mar de violência e tragédia.

Lembro-me de uma vez que, com um grupo de amigos, visitei um campo de concentração na Alemanha. Já na viagem de trem comecei a me sentir incomodado. Ao chegar à estação, nos explicaram que fora exatamente ali que prisioneiros judeus, comunistas, ciganos, enfim, todas as pessoas tidas como o "mal" daquela sociedade, tinham desembarcado. Da estação até o campo de concentração era uma caminhada de uns dez minutos. Os presos caminhavam pela rua dentro de um cordão de isolamento. Andavam ouvindo xingamentos e hostilidades dos que estavam fora do cordão, na calçada, celebrando a vingança, a punição, o desprezo. Aquelas calçadas abrigavam famílias inteiras, casais apaixonados, crianças com seus pais. Não se enganem, havia muito amor envolvido entre aqueles que humilhavam os que seguiam em direção à prisão e à morte.

Que amor é esse que se encerra em um círculo fechado de familiares e amigos e que não se importa com o resto da humanidade? Que mecanismos culturais formam meios familiares que cultivam o afeto entre si, mas desprezam tudo que não pertence a esse meio? Essa é a cultura do descarte de pessoas, da exaltação da vingança, da promoção do linchamento, da perda de vínculos de empatia e compaixão. Entendam bem, não estou condenando o amor que viceja no seio de uma família ou de um relacionamento, mas dizendo que é necessário amplificá-lo.

Por isso, é importante resgatar o sentido prático, universal e efetivo do amor. Pode parecer um paradoxo, mas a chave para dar esse salto está em nosso círculo mais cotidiano e familiar. São ações cotidianas que melhoram nossos pequenos mundos, isto é, os ambientes em que vivemos. Sem dúvida, a construção desse amor maior começa a ser forjada em nossas relações mais pontuais.

Muitas de minhas atitudes certamente são frutos do que observei desde a infância. Minha avó distribuía carinho para todas as pessoas, sem nenhuma distinção. Era gente que se importava com gente. Minha mãe também sempre zelou por tudo ao seu redor, foi uma professora de educação infantil absolutamente entregue e dedicada às crianças. Em seu contexto histórico e cultural, mesmo que não houvesse um viés de politização consciente e elaborada em suas atitudes, Ruth e Glaucia sempre amaram e cuidaram de pessoas, e fizeram do servir ao próximo uma atitude real e cotidiana. Minha mãe até hoje é um refúgio de simplicidade, amabilidade e ternura encarnadas em práticas de cuidado.

Estou sempre envolvido em ambientes de militância e movimentos sociais porque acho que são instrumentos necessários para a efetiva transformação do mundo. Contudo, várias vezes me flagro numa espécie de automatismo militante, ainda que cumprindo uma agenda frenética e cheia de demandas. Percebo que é muito fácil perder a sensibilidade, esquecer as reais motivações da militância. Então gosto de relembrar que o amor entre os nossos (familiares e amigos) pode ser o primeiro passo para a ampliação desse amor para o conjunto da humanidade. Imagino um fio ou uma linha que me liga às pessoas dos meus afetos cotidianos e que se desenrola e alcança todas as outras pessoas, de todos os lugares.

Para mudar o mundo, precisamos nos conectar com o ambiente em que estamos. O amor é algo que deve necessariamente ser encarnado, materializado, concretizado em ações de cuidado com o que está ao nosso redor. Não basta ficar na pulsão abstrata, no campo do sentimento, pois o amor pede decisão, mudança de entendimento e atitudes que preservem e promovam a vida.

Quanto de amor, entrega e sacrifício há no cuidado permanente de minha mãe comigo? O que para muitos pode parecer simplório, banal e despolitizado para mim se constitui como a dimensão concreta de estabelecimento do amor como prática que melhora os pequenos espaços da vida. E é evidente que não pode se restringir a esse lugar, pois ele tem de transbordar!

É evidente que o amor tem a ver com "sentir", mas ele precisa de um conteúdo ético maior, que aponte para a construção de um lugar onde as pessoas possam viver e conviver em paz, na harmonia das diferenças. Nesse sentido, o amor liberta justamente porque não suprime individualidades, mas gera o ambiente e as condições para que as pessoas sejam o que são e se descubram nas suas potências, possibilidades e singularidades. Amor é amar, e amar é agir para que o outro possa ser em liberdade.

A liberdade é um tema complexo e cheio de variáveis, mas aqui me refiro à liberdade no sentido de poder ser, poder viver, poder se descobrir, poder chorar ou sorrir sem medo. O amor se relaciona com liberdade e superação do medo. O amor não é destino, sorte e não pode ser uma idealização, é acima de tudo um caminho que se percorre, uma decisão e uma forma de viver. Pensar o amor como caminho é pensar o amor como atitude, construção artesanal, fazer diário. Ele deve se manifestar concretamente em nosso dia a dia. O amor é enquanto acontece. As imagens relacionadas à minha avó e à minha mãe representam, para mim, o caráter cotidiano e artesanal do amor. Que imagens dessa natureza você pode buscar em sua memória? Que detalhes do seu cotidiano são sinais de amor e de cuidado? A propósito, você consegue enxergá-los? Precisamos aprender a olhar.

O exercício do amor não significa que nos tornaremos seres ideais, com pensamentos puros e atitudes boas o tempo inteiro. É ingenuidade pensar assim, e é perigoso também, porque estabelece uma demanda da qual ninguém dá conta, e, da frustração, nascem a culpa e a permanente insatisfação. O amor não nos maquiniza ou programa para ações sempre ajustadas e perfeitas. Ele não nos imuniza dos conflitos, não nos faz pairar sobre a história. Continuamos sendo precários, finitos, contraditórios e vulcânicos em nossos sentimentos e ações. Qualquer visão que exclua essa realidade tende a pesar demais. Somos demasiada e fantasticamente humanos, e o amor não suprime ou supera essas tensões de nossa existência. Há dias que são ruins, em que estamos mais estressados e intolerantes, que não conseguimos agir da maneira mais justa e adequada.

A vida é tanta coisa ao mesmo tempo, são tantas as variáveis que interferem nas nossas emoções, julgamentos e ações. Portanto, é injusto exigir uma estabilidade no amor, que ele passe incólume por todas essas interferências. Enfim, o amor não nos torna perfeitos. Contudo, o amor como atitude, caminho e fazer diário é o único meio generoso de acolhimento da complexidade humana. Em uma sociedade onde tudo parece descartável, inclusive os laços sociais, pequenos e decididos gestos podem recriar espaços e salvar ambientes sociais do caos da desesperança.

Lembro-me do profeta Gentileza, que andava pelas ruas das cidades de Niterói e do Rio de Janeiro com suas roupas estranhas e seu jeito esquisito. Fazia grafites nas paredes e seu mantra era: "Gentileza gera gentileza". Seu nome oficial era José Datrino. Ele era dono de uma transportadora e decidiu largar tudo que tinha para "entregar" sua mensagem depois de um incêndio criminoso em um circo de Niterói, onde aproximadamente quinhentas pessoas morreram.* Datrino pegou um de seus caminhões e foi morar justamente no local do incêndio. Plantou uma horta e um jardim sobre as cinzas, e ofereceu consolo às pessoas feridas ou traumatizadas com a tragédia. E ali surgiu Gentileza. Maluco, excêntrico — quantas expressões preconceituosas ao seu estilo de vida já ouvi! —, mas eu só via um profeta do nosso tempo.

Gentileza denunciava a desumanidade crônica, petrificada e naturalizada na correria ansiosa de nossas cidades impessoais. Em suas palavras encontro o convite para a dimensão mais concreta e pública do amor. "Gentileza gera gentileza" é mais que uma afeição momentânea e pontual, é o amor que acolhe a natureza, que se desprende materialmente e cria laços entre as pessoas, gerando consolo em meio à tristeza. Bendito seja esse louco que denuncia nossa insana e desumana normalidade!

O amor como caminho é capaz de dilatar nosso coração. Isso significa que nosso coração tenderá a tornar familiar o que parecia estranho. Dessa maneira, o olhar se modifica e novos cenários passam a fazer parte do nosso campo visual e existencial. Foi o que aconteceu comigo na visita ao hospital psiquiátrico penal, onde vivi uma experiência de dilatação do coração e conversão de atitude. Meu encontro com aquele jovem me levou a uma realidade dura, estranha, mas muito comum em nosso país. A pergunta que ele me fez redimensionou meu olhar para a *minha* vida, a *minha* casa, a *minha* segurança alimentar, as *minhas* pos-

---

* O Gran Circo Norte-Americano, de Danilo Stevanovich, foi incendiado em 17 de dezembro de 1961. Além das quinhentas mortes, mais de oitocentas pessoas ficaram feridas.

sibilidades de estudo. O encontro com tamanha privação me fez ver o absurdo da desigualdade social, da violência manicomial. Por que não dizer que vivi ali uma experiência profunda de amor? Um estranho me humanizou. Um simples projeto escolar me evocou consciência crítica, sensibilidade social, compaixão e sede de transformação das estruturas injustas da sociedade.

E o que dizer do morador de rua que desejou um futuro feliz para a minha filha? Eu e Carol estávamos indo para a igreja quando ele nos abordou. Eu estava com a mulher que amo, num domingo de manhã, indo me encontrar com pessoas amigas para conversar, trocar experiências, vivenciar o conteúdo da nossa fé em louvores, orações e reflexões bíblicas. Tudo muito confortável, absolutamente saudável e legítimo. Mas aquele morador de rua, em geral invisível, se fez presente diante dos nossos olhos. Primeiro sua saudação nos constrangeu, depois comoveu e, por fim, dilatou nosso coração. Ele me fez comparar o provável futuro próspero da minha filha com a sua condição de miséria. Ele me fez levar para o culto uma oração por justiça social e um desejo radical de não conformar minha mente às injustiças e aos absurdos da nossa sociedade. Desejei intensamente que ainda houvesse tempo para que ele tivesse um presente e um futuro repletos de possibilidades. Eu e Carol caminhamos para a igreja carregando entre nós um amor menos privatizado, mais público, um amor que transborda, que não cabe nos limites de nossa casa.

O amor se descortina como minha ligação à humanidade e à natureza. É gerada então, dentro de mim, uma reverência profunda diante de tudo o que existe. Dá vontade de encostar na lua, de ir ao ponto mais profundo do mar, de ver o amanhecer e contemplar o pôr do sol. De sair pela rua distribuindo abraços. De chorar com os que choram e festejar com quem está em festa. É triste uma sociedade que considera essa postura ingenuidade, ignorância, delírio ou caretice.

Cabe ainda dizer que o amor não significa, em hipótese alguma, passividade diante das injustiças. O amor, no seu sentido mais profundo, tem relação direta com inconformidade, desobediência e subversão. O amor é uma atitude política revolucionária porque amar é se ligar à humanidade, e não estou falando em termos abstratos.

Dou um exemplo. Certa vez, fiz uma visita a um assentamento de trabalhadores no interior do Ceará. Bem perto deles havia uma cerca (feita de cordas) e, do outro lado, um enorme pedaço de terra, daqueles de perder de vista, absolutamente vazio. É o latifúndio cercado e o povo sem terra criminalizado. Vi pessoas vivendo na precariedade, lutando para sobreviver, dividindo o pouco que tinham. Do que elas precisavam? De terra para plantar. E ali estavam se organizando e lutando por um palmo de chão. À sua frente uma terra vasta, sem uso, servindo apenas à especulação de um grande latifundiário. Eu pensei: "Maldita cerca de exclusão, a terra devia ser de quem plantar". As estruturas jurídicas e políticas de nosso país, via de regra, protegem o latifúndio e criminalizam os sem-terra. Do fundo do meu peito dá vontade de gritar que a luta por terras é um verdadeiro ato de amor! Sim, pois é o amor que clama por justiça, por igualdade e vida plena para todas as pessoas.

E o que falar do racismo estrutural que prevalece em nosso sistema social? E a violência histórica e cotidiana contra mulheres e LGBTs? Como reagir ao massacre sobre os povos indígenas e quilombolas? E o genocídio da juventude negra, o encarceramento em massa, a violência do Estado? Nenhuma dessas realidades se justifica se tomarmos o amor como atitude e caminho para nos ligar à humanidade. Amar, portanto, é não se conformar com o que impede a plenitude de vida do outro, é optar prioritária e preferencialmente pelas pessoas que são alvo das injustiças.

A melhor forma de expressar amor por toda a humanidade, esse conceito genérico, porém legítimo, e que existe na nossa projeção, é assumir um compromisso com as pessoas ao nosso redor e, no contexto da sociedade, se posicionar ao lado de quem não é contemplado pelas estruturas de poder e privilégio. Assim, o amor desobedece às regras e leis injustas, posicionando-se contra o que maltrata a vida. Foi por amor que os negros não se conformaram com a escravidão, desobedeceram aos senhores escravocratas e subverteram uma ordem desumana. Foi por amor que mulheres não se conformaram com a impossibilidade de votar, desobedeceram às restrições de protesto e foram à luta por igualdade. É com o mesmo amor que negros e mulheres ainda lutam contra o racismo e o machismo, não se conformando e não incorporando às suas existências essas violências estruturais.

Esse é o amor em sua consistência ética, com seus efeitos se alastrando pela sociedade. Vivemos em uma estrutura social que rouba de nós o senso coletivo e nos leva a acreditar que a punição vale mais do que o perdão. Seguindo essa linha de pensamento, nossa proteção individual dependeria de armas, câmeras de vigilância e mecanismos de controle e limitação de liberdades. Então, num círculo vicioso, a desesperança sufoca o amor, e a falta de amor rouba a esperança. No fundo, não acreditamos que a humanidade pode ser melhor, e isso nos leva à máxima do "cada um por si".

Amar não é tirar a humanidade dos injustos, mas apontar suas injustiças. Não é tirar a humanidade dos opressores, mas denunciar seus privilégios. É não desumanizar os ricos, mas afirmar categoricamente o absurdo do acúmulo desenfreado de riquezas e a insensibilidade da ostentação. É também apontar a necessidade de os poderosos partilharem o poder. Evidenciar aos brancos o seu privilégio. Amar não é desumanizar os homens, mas entender que o machismo é uma realidade cultural violenta e que a luta das mulheres é justa. Não é desumanizar os lgbtfóbicos, mas apontar com firmeza a gravidade de seu preconceito. Aos latifundiários, indicar que a dádiva da terra precisa ser compartilhada. Ao especulador imobiliário, apontar que o acúmulo de imóveis é injusto porque é indiferente ao drama dos sem-teto. Não desumanizar significa reconhecer dignidade, não desejar mal, preservar e proteger a integridade física e emocional. Não desumanizar significa não reproduzir ciclos de ódio e práticas de violência. Porém, não significa ficar calado, ser omisso, abaixar a cabeça e se conformar.

O amor é revolucionário. Toda construção humana carrega limites e injustiças. Nenhum modelo de sociedade é perfeito. Nossos arranjos políticos, econômicos e sociais sempre criam mecanismos que maltratam pessoas. O amor é, então, aquela pulsão que grita contra o que apequena a vida, o amor é o que coloca em xeque toda pretensa normalidade. O amor é sempre abertura para um futuro mais pleno. O amor se revela nos atos singelos e nas grandes ações políticas, está na janela da casa da minha avó, no carinho de minha mãe, na trajetória de um jovem negro preso e tido como louco, e no morador de rua. O amor reforça os laços sociais, é um agente transformador poderoso, e sua força está tanto nos pequenos gestos quanto nas grandes ações.

O amor se revela, só precisamos olhar, enxergar e praticar!

O fundamentalismo religioso como produtor de ódio

Uma das coisas de que eu mais gostava era observar minha filha recém-nascida, tentando entrar em seu mundo. Como será enxergar tudo que existe pela primeira vez? Com três meses, seu olhar começou a se fixar e as mãos tateavam meu rosto, seguravam minha barba, apertavam meus olhos. Já percebia o que a fazia sorrir e até mesmo gargalhar. Sabia quando não gostava de alguma posição ou quando queria mamar ou tinha refluxo. Contudo, todo dia é uma novidade, e os padrões sempre se quebram. Quando acho que entendi Maria, descubro que não. Sempre há mistério, dúvida e uma comunicação que não usa palavras. Tem horas que ela chora e não faço a menor ideia do motivo. Tento caminhar com ela, não adianta. Tento uma música, danço um pouquinho, e o choro continua. De repente, sem saber o que fiz ou deixei de fazer, ela simplesmente para. E enquanto me recupero, ela já está sorrindo. Nem tem dimensão do quanto me esforcei para fazê-la parar de chorar.

Noites difíceis, dúvidas intermináveis, cansaço, impaciência. Nada é tão cansativo e ao mesmo tempo tão maravilhoso quanto ter filhos. Muitas vezes me pergunto se sou e se serei capaz de cuidar de minha filha e de criá-la. Minha esposa e eu partilhamos dessa mesma fragilidade, ainda mais porque é a nossa primeira experiência como pais. Confesso que fico andando na rua, vendo a quantidade de gente crescida ao meu redor, e concluo: "Está todo mundo aqui, que alívio, todo mundo aqui sobreviveu e cresceu". Então acho que conseguiremos também. Sei que é um raciocínio meio desparatado, mas é o que sinto diante dos desafios da paternidade.

Estou me descobrindo pai, porque isso é uma construção. Quando Maria nasceu eu já a amava. Eu a vi nascer, vi seu susto diante de tudo, eu a peguei no colo, e ali pareciam duas crianças, pois eu também estava nascendo. Foi tudo muito rápido, nem sei se aproveitei o momento como deveria, tamanha a adrenalina. Mas com o passar do tempo, compartilhando o desenvolvimento de Maria, as memórias vão se acumulando e esse amor vai ganhando consistência, solidez e profundidade. Não sei se é certo dizer, na verdade nem sei se existe o certo, mas sinto, simplesmente sinto, que eu a amo mais hoje do que quando ela nasceu. E acho que amanhã a amarei ainda mais.

Também vou compreendendo que preciso conquistá-la. Isso é muito estranho. Às vezes penso: "Calma aí, eu sou seu pai, acompanhei tudo, já amo você de montão, então trate de me amar, de sorrir para mim". Mas não é assim. Maria precisa ser conquistada, cativada, ela é uma vida completamente diferente da minha. Sou o pai dela, mas não sou e nunca serei seu dono. Tenho de descobrir os caminhos, os gestos, as palavras, os sons, as cores que alegram seu caminho. Tenho de me desvencilhar do machismo que me atravessa para contribuir de fato para a sua educação. E preciso entender que ela não ri só para mim, e que isso é maravilhoso. Ela ri para estranhos e, se eu pensar bem, ainda sou um estranho para ela.

A esta altura você deve estar achando que houve algum erro de edição ou que eu me perdi, afinal, este capítulo é sobre fundamentalismo religioso. Mas na verdade faz todo sentido falar de minha filha e da experiência da paternidade, porque quero falar primeiro sobre espiritualidade. Espiritualidade é o susto de ver uma criança no colo; é se sentir pequeno diante de outro ser; é amar e saber que amor é entrega, doação e sacrifício; é saber que não podemos ter pleno domínio sobre o Sagrado.

Gosto de pensar em Deus assim, como o sorriso da Maria. Esse sorriso que é para mim, mas não só. Gosto de pensar no amor de Deus como algo parecido com o que sinto por ela. Deus não é uma verdade fechada, petrificada em um texto e que precisa ser defendido dos hereges. É como amar Maria e saber que não sou o dono dela. Amar a Deus é saber que não o controlo, que ele sorri para outros povos, culturas e religiões. Relacionar-me com minha filha para além da dimensão discursiva, racional e verbal tem a ver com relacionar-me com Deus. Quando contemplo o rosto de Maria e sinto um frio na barriga, é como contemplar a imensidão de Deus e me sentir pequeno, frágil e atraído.

O ser humano tem sede de eternidade, anseio por plenitude e muitas perguntas sobre o sentido da vida. É desse lugar de potência e fragilidade, prazer e dor, que se abre uma dimensão profunda de busca por aquilo que transcende a própria vida. A espiritualidade nasce então do espanto, do susto, da contemplação, do assombro, do silêncio ou do grito, do mais intenso desespero ou da mais harmoniosa calmaria. Ela é a reação humana diante do mistério que é existir. Espiritualidade, portanto, é a capacidade de fazer perguntas sobre o sentido da vida e desenvolver narrativas que apontem para a transcendência da experiência humana. Espiritualidade é um fenômeno humano, típico e próprio de quem vive e morre e tem consciência dessa finitude.

A espiritualidade é saber que não se sabe tudo. É o vazio, o eco, a lacuna, a ausência e, acima de tudo, a saudade.

A espiritualidade nasce da saudade daquilo que ainda não vivemos. Esse ponto é central. Ela é projeção de futuro a partir da memória de um passado imaginado, e essa experiência só pode ser vivida na radicalidade passageira do presente. Por isso é saudade. De alguma maneira, intuímos um mundo em que todas as pessoas estão sorrindo, satisfeitas, celebrando a vida, aproveitando o tempo, comungando o amor, compartilhando sorrisos. Queremos um mundo sem perdas, despedidas, dor e luto. Queremos o fim do medo, o fim do fim para que a vida só tenha começos.

Lembro-me das palavras de Renato Russo na música "Índios": "Quem me dera, ao menos uma vez, acreditar em tudo que existe, acreditar que o mundo é perfeito e que todas as pessoas são felizes". Essa poesia expressa bem o que é espiritualidade, a dimensão humana que projeta um mundo onde a humanidade se realiza completamente. Sentimos como verdade, experimentamos como saudade, projetamos como esperança e aí está a espiritualidade.

Sendo assim, a espiritualidade não é certeza objetiva, porque transita na dúvida. Espiritualidade não é institucionalizar o Sagrado, fechando-o em dogmas e verdades inabaláveis, mas é o exercício de tatear o Sagrado tal qual um bebê passando os dedos no rosto da mãe. Espiritualidade é mais abertura do que fechamento; mais perguntas do que respostas; mais consolo e caminhada do que bênção ou maldição. Ela não é uma solução objetiva para os problemas da vida, mas a poesia que se faz na alma diante deles, é arte.

A espiritualidade é como um pedaço de rio que tentamos segurar nas mãos. Essa é minha imagem favorita. Sempre gostei de água, ela me liga à vida. Quando criança, gostava de tentar segurar uma porção de água nas mãos. É evidente que eu não conseguia. Mais rápido ou devagar, inevitavelmente a água escorria pelos meus dedos e eu a perdia. No chuveiro, na cachoeira ou no mar, minhas mãos nunca conseguiram segurar uma porção de água. E esse pedacinho de rio é apenas uma parte de algo imenso. De onde vem, onde está a nascente? Raramente sei, quase nunca vi. Para onde vai, aonde chega? Será que ele se mistura às águas do mar? Minha porção de água não é minha, mas faz parte de um todo, de um trajeto, de um fluir que não posso controlar. Posso tocar a água, deixar-me molhar, sentir sua temperatura, ouvir o som do rio. Posso chegar bem perto, molhar os pulsos, a nuca, os pés. Posso até mergulhar, deixar que todo meu corpo seja imerso nas águas. Posso tentar abrir os olhos debaixo d'água. Posso senti-la tomando meu corpo.

    Quando criança e adolescente, eu adorava mergulhar sob as ondas ou me deixar levar por elas em direção à areia. Nunca fui lá muito corajoso, por isso na maior parte das vezes eu ficava parado na areia, olhando, ouvindo, não indo ou quase indo. Atração e medo, vontade e receio. A porção de água do mar ou o pedacinho de rio para mim são como Deus: podemos tocar, contemplar, sentir, mas não temos capacidade de definir onde começa ou termina, muito menos de controlar. Acredito que a espiritualidade seja essa dimensão de ser tomado pelo Universo, de ficar em silêncio diante do céu, de perceber Deus como a própria vida se realizando e se descortinando diante dos nossos olhos. É se sentir grão de areia e, mesmo assim, ou justamente por isso, descobrir amor-próprio. É saber descentralizar, compartilhar o tempo, ser indivíduo na comunhão. É saber perder, se perder e se encontrar. É despossuir a vida, exatamente para tê-la mais inteira, ou se perceber menor para, assim, ser maior. É sentir-se parte de tudo que existe, numa ligação íntima com a humanidade e o restante da natureza. Espiritualidade é olhar para o furacão do nosso ser e, com generosidade, perceber as contradições que pulsam. Quem consegue fazer o tempo inteiro o bem que deseja? E quem acaba fazendo o mal que tanto reprova? Quem consegue o tempo inteiro ser coerente com os princípios que confessa? Quem consegue apenar nutrir bons sentimentos e pensamentos? A espiritualidade não projeta culpa, mas abarca com acolhimento a complexidade da vida. A espiritualidade nasce do paradoxo e mora nele.

Os Evangelhos contam a história de Pedro, discípulo e posteriormente apóstolo. Homem corajoso, destemido, cheio de ímpeto, que largou tudo para seguir Jesus. De acordo com as memórias dos Evangelhos, fica evidente o quanto Pedro e Jesus se tornaram próximos. Quando alguns líderes religiosos começaram a tramar a condenação de Jesus, Pedro não hesitou em deixar nítida sua posição: "Mestre, irei contigo até o fim, jamais te abandonarei". Quando os soldados romanos chegaram para prender Jesus, Pedro desembainhou a espada para atacar. Contudo, Jesus já advertira a Pedro que ele não conseguiria se manter fiel até o fim. Quando os guardas romanos levaram Jesus para ser interrogado, os discípulos se dispersaram por medo. Foi um momento de muita apreensão e tristeza. Pedro, impulsivo, continuou seguindo Jesus e, durante a caminhada, por três vezes foi questionado se era um dos seguidores do Nazareno. Nas três vezes, para se proteger, Pedro negou que conhecia Jesus. Na terceira vez o galo cantou, como Jesus havia dito que aconteceria. O texto sagrado diz que Pedro chorou amargamente.

Imagino a dor daquelas lágrimas. Será que ele sentiu raiva de si mesmo por não ter cumprido sua palavra? O medo do que poderia acontecer com ele superou o amor que devotava a Jesus? Como será que ele vivenciou o peso de sua fraqueza, o fato de não ter conseguido sustentar o legítimo desejo de seu coração?

Não acho que Pedro estava mentindo quando disse a Jesus que jamais o abandonaria. Acredito que ele estava sendo profundamente sincero. Tanto é que ele só viveu essa situação porque, de alguma maneira, se dispôs a continuar seguindo Jesus, mesmo sob a escolta dos soldados romanos. As lágrimas de Pedro expressam o encontro dele com os próprios limites. Ele não fez o que desejava, mas sim algo que reprovava. No fim, se sentindo indigno, Pedro desiste de tudo e volta à sua vida anterior, de pescador.

No Evangelho de João está um dos textos mais lindos da Bíblia, tanto por sua beleza espiritual quanto pela literária e simbólica. Diz o texto que Jesus havia ressuscitado e estava reencontrando seus discípulos. Pedro estava em seu barco, tocando a vida, quando Jesus apareceu e mandou que os discípulos lançassem a rede ao mar. Os discípulos disseram que haviam tentado pescar a noite inteira e que não tinham conseguido nada. Mas resolveram tentar novamente. Um monte de peixes foi o resultado. Diz o texto que só ali Pedro reconheceu que realmente estava diante de Jesus. Por temor, susto ou constrangimento, não sei, ele se jogou nas águas do mar.

Depois, os discípulos, inclusive Pedro, levaram os peixes até a areia. Ali sentaram com Jesus e se alimentaram. Durante a refeição, ninguém ousou perguntar em voz alta se aquele era mesmo Jesus, pois em seu íntimo o sabiam e o reconheciam. Imagine Pedro ali, em silêncio, desviando o olhar, não querendo puxar assunto. Provavelmente a culpa martelava sua mente. Quando acabou a refeição, Jesus chamou Pedro num canto. Foi um momento tenso. Levantando-se com as pernas trêmulas, devia estar se preparando para uma bronca colossal. Daí vem o momento mais incrível e lindo dessa história. Jesus olha para Pedro e pergunta: "Pedro, você me ama?". Pedro diz que sim. Então, pela segunda vez, Jesus pergunta: "Pedro, você me ama?". Mais uma vez Pedro responde que sim. Pela terceira vez, Jesus pergunta: "Pedro, você me ama?". Pedro responde: "Senhor, tu sabes de todas as coisas, tu sabes que te amo". Jesus finaliza: "Então vem, Pedro, e cuida das minhas ovelhas, do meu povo".

Essa é uma história cheia de simbolismos e com possíveis e variadas interpretações. Repare que Pedro negou Jesus três vezes, mas então Jesus deu a ele a possibilidade de, por três vezes, reafirmar seu amor. Não importa o tamanho de um erro, o amor de Deus sempre é maior que o tamanho de nossas falhas. As fraquezas de Pedro foram acolhidas. Mas também cabe dizer que há uma alternância no uso do verbo "amar" nessa história. Jesus usava o verbo amar no sentido incondicional, como o "ágape" grego. Pedro usava a palavra no sentido de amizade, o "fileo" grego. Explicando melhor, no grego há quatro palavras para definir amor: ágape é o amor a todas as pessoas, amigos e inimigos, e fileo é o amor sem paixão, o amor da amizade. Então é como se fosse assim: Jesus perguntava: "Pedro, você me ama?", e Pedro respondia: "Sim, eu gosto de você". Não sabemos se essa variação nas palavras era meramente estilística. Contudo, vejo um Pedro mais amadurecido, consciente de seus limites e suas fraquezas, acolhendo os paradoxos de sua vida. Ele sabia que nem sempre conseguiria fazer o bem que desejava, então preferiu responder de acordo com seus limites e suas possibilidades.

Impressionante é que Jesus não se importou com isso, simplesmente acolheu e chamou Pedro para ser o protagonista na condução do seu movimento e no cuidado com seu povo. Ao que tudo indica, Jesus não queria a experiência religiosa da performance, mas corações sinceros, íntegros e disponíveis. Pedro encarou suas fraquezas, passou a ser mais generoso consigo mesmo e, possivelmente, com os outros. Antes estava iludido, se considerando enorme em sua fé, pronto inclusive para matar em defesa de Jesus. Tamanha contradição. Agora estava sereno e, diferente de antes, disposto a morrer por Jesus.

Contei essa história para mostrar que a espiritualidade não está numa pretensa perfeição moral, mas no acolhimento generoso das nossas contradições. É como "Vivo", de Lenine, uma caracterização certeira da fragilidade humana:

> *Precário, provisório, perecível;*
> *Falível, transitório, transitivo;*
> *Efêmero, fugaz e passageiro*
> *Eis aqui um vivo, eis aqui um vivo!*
>
> *Impuro, imperfeito, impermanente;*
> *Incerto, incompleto, inconstante;*
> *Instável, variável, defectivo*
> *Eis aqui um vivo, eis aqui. [...]*
>
> *Não feito, não perfeito, não completo;*
> *Não satisfeito nunca, não contente;*
> *Não acabado, não definitivo*
> *Eis aqui um vivo, eis-me aqui.*

Essa percepção se faz necessária para demonstrar o quanto a espiritualidade é uma dimensão constitutiva da experiência humana e tão antiga quanto a humanidade. A religião, dentro desse esforço de definição, seria a sistematização da espiritualidade em uma narrativa específica com seus códigos de culto, de celebração, de visão de mundo, de explicação da realidade e de comportamento. Então, na verdade, uma experiência religiosa pode ou não fomentar a potência da espiritualidade.

Neste ponto importa falar sobre o fundamentalismo e o extremismo religiosos como modelos que, de certa maneira, sufocam a beleza da espiritualidade e criam um ambiente propenso às práticas de ódio.

Meu esforço aqui se direciona para delimitar em especial os pontos centrais do fundamentalismo cristão, mas não exclusivamente. O fundamentalismo trabalha com a pressuposição da verdade absoluta revelada por uma escritura, gerando uma doutrina e uma forma de intervenção no mundo. A revelação é vista como algo que se impõe à história, não sendo passível de interpretação humana. Em tese, a revelação está no texto sagrado, então bastaria ler e tirar dali uma verdade inquestionável. Assim, essa verdade seria atemporal, atravessaria todas as épocas. Não raro, essa verdade é materializada num código comportamental rígido que não é percebido como construção histórica ou cultural, mas como vontade de Deus. Dessa forma, questionar a doutrina é questionar o próprio Deus, e a doutrina, portanto, não é passível de revisão, porque Deus não muda. Logo, bater de frente com a doutrina é bater de frente com Deus. Não lhes parece uma postura, no fundo, extremamente arrogante, vaidosa e, mais ainda, sob outra perspectiva, paradoxalmente desprovida de temor a Deus?

Esse não é apenas um processo teórico, mas sim uma forma de perceber, conhecer e sentir o mundo. A mente fundamentalista não se permite duvidar do que crê e não aceita dialogar com as diferenças. O pressuposto do fundamentalista cristão é a afirmação "está escrito na Bíblia". Se está escrito, então pronto. Qualquer exercício de revisão ou questionamento não faz o menor sentido, pois tudo é apenas uma questão de obediência e fé. O problema é que, em nome dessa forma de devoção, muitas atrocidades foram naturalizadas, justificadas e abençoadas ao longo da história, tais como as sangrentas cruzadas, a escravização do povo negro, a dizimação dos povos indígenas, a colonização violenta das Américas, a submissão das mulheres, e por aí vai.

Texto por texto, cada um faz o recorte que quer, monta uma doutrina e age no mundo com base nessa certeza supostamente inquestionável. Qualquer possibilidade de abertura da espiritualidade é asfixiada por um conjunto de regras, normas e condutas que formata o indivíduo, gerando uma experiência religiosa avessa à diversidade, que se coloca contra a escuta e o diálogo, montada muito mais para o confronto do que para o encontro. A verdade aparece como um conceito pronto, com forte contorno moral, e que precisa ser o tempo inteiro preservada e defendida. O fundamentalismo não dialoga, porque não se propõe a ouvir; não aprende, porque parte do pressuposto de que só pode ensinar. O mundo fica dividido entre salvos e perdidos, entre bem e mal, e a fronteira é delimitada pelo conjunto de crenças da instituição religiosa.

Lembro-me de uma vez que fui pregar em uma igreja batista (minha denominação). Escolhi falar sobre o compromisso que os cristãos deveriam ter com a natureza, da qual fazemos parte. Resgatei toda tradição bíblica que fala da integralidade da experiência humana e do cuidado com a terra como expressão do serviço a Deus. Ao acabar o culto fui em direção à porta da igreja para cumprimentar os irmãos e as irmãs que saíam. Era praxe da igreja que pastores e pregadores assim o fizessem ao final da celebração. Então fui abordado por um homem que questionou minha mensagem. Nisso não há problema algum. Ele me disse que minha mensagem estava completamente equivocada e afetada por um marxismo ateu e antibíblico. Disse que não fazia nenhum sentido cuidar da natureza, já que um dia chegará o juízo final e Deus destruirá toda a Terra. Disse que o mundo é uma espécie de esgoto em que as pessoas estão imersas. Logo, caberia aos cristãos entrar nesse esgoto para tirar dele as almas perdidas. Afirmou que o grande problema, e nesse momento ele encenou, é que alguns cristãos, tipo eu, se habituavam ao esgoto, começavam a nadar nesse esgoto (imaginem-no imitando uma pessoa nadando no esgoto com um semblante de nojo) e, assim, se afastavam da vontade de Deus.

Eu gostaria de lhe ter explicado que toda leitura bíblica é também uma interpretação; que não há leitura neutra; que sempre cabe um esforço de contextualização dos textos sagrados; que é muito interessante ler a Bíblia a partir da lente e da luta dos oprimidos, uma vez que o testemunho bíblico é original e prioritariamente popular. Eu lhe teria dito que o mais relevante é submeter nossa doutrina à reflexão, à comunhão, ao exercício permanente da autocrítica à luz das demandas e necessidades do nosso tempo. Que o próprio Jesus reinterpretou a tradição bíblica da sua época. Deveria ter explicado que até mesmo a leitura fundamentalista e literalista da Bíblia é um recorte histórico e cultural e que também seleciona textos. Teria pontuado que a visão dele não estimula consciência crítica, possibilidade de diálogo real e compromisso com a humanidade. Evidentemente não tive essa chance, porque para um fundamentalista não há diálogo. Se um fala em nome de Deus e o outro não, que conversa é possível?

Tenho outro relato a compartilhar da época em que fui vereador de Niterói (entre 2013 e 2016). Foi um período intenso, durante o qual trabalhei para construir um mandato popular, coletivo, criativo, comprometido com os movimentos populares e a justiça social. Do ponto de vista pessoal, sempre foi muito desafiador. Mas eu me sentia um peixe fora d'água. Enfim, percebi que lutar e caminhar com o povo era uma anomalia dentro daquela instituição e que, justamente por isso, minha presença ali era estranha e mal recebida. Destaco aqui o debate sobre o Plano Municipal de Educação, preparado pela prefeitura, e que deveria ser votado pela Câmara Municipal.¹ Um dos pontos desse plano previa a inclusão do debate de gênero nas escolas, visando ao combate às diversas formas de violência e preconceito. Evidentemente, eu me posicionei favorável à aprovação desse ponto.

Vivemos em uma sociedade machista em que a violência contra a mulher é uma triste e cotidiana realidade. Também é verdade que LGBTs sofrem humilhação, perseguição e violências múltiplas. Então, se cabe à escola ensinar o exercício democrático da cidadania, o respeito à diversidade, cabe também ensinar o respeito às mulheres e à comunidade LGBT. Com pedagogia, preparação dos profissionais da educação, envolvimento da comunidade escolar, incluindo as famílias, é possível e necessário que a escola tenha um papel a cumprir nesse quesito.

Contudo, houve uma reação impressionante de determinados segmentos evangélicos e católicos, que lotaram a Câmara para dizer que aquilo representava a erotização da infância, a destruição de famílias, que era promiscuidade e pornografia, perversão do comportamento infantil, e assim por diante. Pessoas ensandecidas gritavam, xingavam, pulavam nas galerias. Eu, como parlamentar e também como pastor, era o principal alvo: me chamavam de judas, de falso pastor, de lobo em pele de cordeiro, de herege. O que havia por trás daqueles gritos que interrompiam minha fala? Por que aquelas pessoas, que nunca foram à Câmara para participar de tantos outros dilemas e problemas da cidade, estavam ali? Por que aquela pauta causava tanta comoção e revolta? Impressionava-me o alto grau de mobilização, e realmente me chocava que aquilo não acontecesse diante dos graves problemas de habitação na cidade, da precariedade da saúde ou do caos na segurança pública. Havia uma seletividade nítida. Da tribuna eu me esforçava para dizer que não podíamos ficar em silêncio diante da violência contra mulheres e LGBTs e que precisávamos educar nossos filhos para o respeito e para a diversidade.

Eu sempre levava dados e histórias de violência para ver se, ao menos dessa forma, as pessoas se convenciam da importância desse debate, mas uma vez, em uma audiência pública, nem consegui falar devido às vaias e hostilidades. Naquele dia, uma senhora veio me procurar depois da sessão. Ela estava nervosa, com olhos marejados, mãos trêmulas, e extremamente inquieta. Disse que me vira crescer na Igreja, falou com entusiasmo das minhas pregações e da época em que eu, ainda adolescente, despontava como pregador do Evangelho. Ela me perguntou o que havia acontecido, por que eu tinha me perdido? Fiz de tudo para explicar que a minha posição era justamente fruto da minha experiência do Evangelho e estava em concordância com a minha fé. Disse que eu permanecia na Igreja. Então perguntei a ela o que lhe causava mais incômodo e espanto: um casal gay se beijando ou o assassinato de um gay por motivo de ódio? Percebi que ela ficou confusa e respondeu que as duas coisas a chocavam igualmente. Esse é um exemplo do que a perspectiva fundamentalista pode fazer, pois ela estava igualando um crime fatal a um beijo entre duas pessoas do mesmo sexo. O apego à letra, sem o contorno e a contextualização da vida, pode levar, no mínimo, à profunda indiferença.

Diversas vezes, durante aquele debate, muitas pessoas me disseram que os dados de violência que eu apresentava não eram reais, que os crimes contra LGBTs eram cometidos pelos próprios LGBTs. Enfim, há uma dificuldade profunda em reconhecer a dor do outro e uma propensão a culpabilizar a vítima. Isso acontece porque o dogma se antecipa à realidade, impedindo um olhar generoso e o exercício sincero de empatia. A espiritualidade, tão aberta e potente, vai se engessando numa devoção mediada pela necessidade permanente de imposição de valores aos outros.

É impressionante como o cristianismo, uma espiritualidade de origem periférica e popular, pautada na radicalidade do amor, foi se tornando justificativa para sistemas opressores e práticas de ódio. Jesus andou com os pobres e oprimidos, acolheu as pessoas amaldiçoadas e marginais, impediu processos de execução, recusou mecanismos de vingança, exaltou o perdão como forma de mediação de conflitos, reconheceu a dignidade até de seus inimigos. Jesus foi preso, torturado e assassinado. Foi executado pelo Império Romano sob o aplauso e o escárnio de muitas pessoas. Enfim, foi um preso político, vítima da violência e do ódio. Como uma mensagem com essa origem pode, em tantos momentos da história, justificar atos de violência e genocídio? A lente fundamentalista se apega à letra fria enquanto esfria corações diante da vida concreta.

Jesus foi vítima desse modelo que colocava a Tradição (isto é, o conjunto de leis bíblicas da época) como referência absoluta, inquestionável e impenetrável. Em determinado momento, segundo a memória dos Evangelhos, Jesus estava colhendo espigas com seus discípulos. Porque fazia aquilo em pleno sábado, outros religiosos o questionaram, uma vez que esse era um dia santo e dedicado ao descanso. Jesus respondeu que o rei Davi, quando estava com fome, entrou no Templo e pegou os pães que apenas os sacerdotes podiam tocar. Davi comeu e distribuiu o pão entre seus amigos. E por que ele fez isso? Simplesmente porque estava com fome. Então Jesus arrematou dizendo que o ser humano não foi feito para o sábado, mas o sábado é que foi feito para o ser humano. Isso significa que o ser humano não pode ser escravizado por uma tradição.

Jesus sempre reinterpretou a tradição escrita de acordo com a realidade. Afinal, não fazia sentido guardar o sábado e morrer de fome. Ele também foi questionado por fazer curas aos sábados. Acreditam nisso? Para alguns líderes religiosos, era mais importante proteger um conceito do que aliviar o sofrimento de uma pessoa. Ainda cabe dizer que algumas doenças, na cultura em que Jesus viveu, eram sinais de maldição e geravam exclusão social. Por isso, suas curas, relatadas em tantas memórias e contos populares, representavam, sobretudo, um processo de inclusão, de acolhimento e de questionamento a esses valores que descartavam pessoas doentes.

Portanto, o fundamentalismo cristão está historicamente associado a uma leitura e interpretação da Bíblia relacionadas às lentes do privilégio. É essa lente que faz com que um beijo gay seja tão grave quanto o assassinato de um homossexual, que acredita que as religiões de matriz africana são do mal, que o movimento feminista é uma perversão bíblica e busca desequilibrar as famílias, e que o movimento negro é vitimista e está em busca de regalias e vantagens. A lente fundamentalista cria um mundo dividido entre os que creem e os que não creem, ou mais, entre os que creem certo e os que creem errado.

Esse fundamentalismo, na versão brasileira, tem relação histórica com o protestantismo do Sul dos Estados Unidos, de herança racista e escravocrata. Então, toda pulsão econômica e social da Bíblia e seu recorte popular e de grito dos oprimidos são substituídos por uma leitura moralizante, que foca sua mensagem num reino de Deus pós-morte. Mas o grande ponto do fundamentalismo é que ele produz uma visão que se percebe como verdade absoluta. A mente fundamentalista tende a entrar em pânico diante de dúvidas e questionamentos, e qualquer exercício de mudança ou crítica é visto como falta de temor a

Deus. Fundamentalistas não conseguem perceber que sua visão de Deus também pode ser contextualizada e foi historicamente construída ao longo do tempo.

O fundamentalismo, portanto, tem grande potencial para criar inimigos. Assim, ele se relaciona com a indiferença, por um lado, e com a violência ativa por outro. A indiferença é simplesmente a incapacidade de se comover com a dor do outro. No limite, tanto faz se a pessoa está ou não sofrendo por alguma injustiça. A indiferença é apática, e isso por si só é muito grave. LGBTs são expulsos de casa, humilhados na rua, impedidos de expressar seu afeto, são vítimas de violência fatal, e mesmo isso não causa nenhuma tristeza ou comoção no ambiente fundamentalista. Esse é apenas um exemplo de como ele pode reforçar uma indiferença crônica em nossa sociedade.

Contudo, para além da imobilidade, também existe a violência ativa. Nesse ponto, pode-se falar do extremismo religioso que é, tão simplesmente, o fundamentalismo levado ao extremo de ações de violência. Ao longo da história, quantas vezes já se matou em nome de Deus? A escravidão sobre o povo negro tem a marca de determinada leitura bíblica, por exemplo. A espiritualidade, aquele pedacinho de rio que escorre pelas mãos, se torna uma experiência religiosa bélica: espada, escudo, arma, canhão, bomba. Tanto o fundamentalismo quanto o extremismo se alimentam da intolerância e, ao mesmo tempo, a potencializam. Hoje, no Brasil, assistimos ao crescimento de um projeto de poder de vocação autoritária, antilaico e antidemocrático, com forte viés religioso. Esse projeto de poder está vinculado a setores que não conseguem lidar com a diversidade e pretendem usar o Estado para impor à sociedade o conjunto de crenças da sua doutrina.

Espiritualidade é abertura, fundamentalismo é fechamento. Espiritualidade se move nas perguntas, fundamentalismo, em certezas irretocáveis. Espiritualidade é experiência e contemplação, fundamentalismo é doutrina. Espiritualidade se move no amor e na liberdade, fundamentalismo, na culpa e no medo. Espiritualidade transita nas diferenças e percebe a diversidade como expressão sagrada, fundamentalismo vê a diversidade como maldição. Portanto, a experiência religiosa é saudável quando alimenta a espiritualidade sem sufocá-la.

O risco maior ocorre quando o fundamentalismo, em sua dimensão extremista, ganha contornos de exclusivismo bélico. Exclusivismo porque a verdade estaria circunscrita a uma doutrina religiosa e, assim, todas as outras estariam erradas. O caráter bélico se dá até mesmo no linguajar utilizado, e assim se formam verdadeiros *exércitos* "em nome do Senhor", e quem não é de suas *fileiras* é considerado *inimigo*.

Por trás da violência contra terreiros de matriz africana, por exemplo, não há apenas as pessoas que cometem essa atitude perversa, mas também os discursos que alimentam e criam um ambiente propício para que essas violências ocorram. Avalio que existam púlpitos religiosos cheios de sangue, porque são uma espécie de amoladores de facas. Eles alimentam a intolerância, a perda de empatia, enfim, o ódio. A fala que "demoniza" religiões de matriz africana é aquela que ajuda a criar um ambiente de desrespeito, indiferença e violência. Fundamentalismo e extremismo religiosos são, portanto, mentalidades que transitam entre a indiferença à violência e a promoção da violência.

Não gosto de rotular pessoas, encaixá-las em imagens petrificadas ou fazer generalizações. Não quero pegar uma espécie de régua e sair por aí medindo a qualidade da experiência religiosa dos outros. Quero todos os dias me perguntar sobre a minha relação com Deus e sobre como ela se manifesta em atitudes de amor ao próximo. Quero poder discernir estruturas e discursos de ódio e, assim, denunciá-los. Mas não vou julgar e condenar indivíduos, porque quero me flagrar com frio na barriga, coração acelerado e olhos marejados ao pensar na imensidão de tudo que me cerca. Quero me sentir pequeno como um grão de areia e mesmo assim saber que sou único, sagrado e insubstituível. Quero orar sem roteiro e sem razão, sem dogma ou verdades prévias. Quero também reclamar com Deus e gritar como é diminuta a plausibilidade da fé. E quero me calar diante do inexplicável. Quero conhecer experiências diferentes das minhas, e não apenas fingir que estou ouvindo. Quero assumir a minha precariedade e admitir que não tenho a menor prova para aquilo que creio. Sim, quero uma espiritualidade de perguntas curiosas, que reconheça minhas contradições e me livre das amarras da culpa. Quero uma espiritualidade que admita que o ódio é inevitavelmente humano e que me integre à natureza. Quero a espiritualidade da dúvida, do desejo, do corpo, das contradições e dos tropeços. Quero, sobretudo, a espiritualidade do amor. Quero a espiritualidade da cachoeira! Por que cachoeira? Explico.

Em um momento muito difícil da minha vida, eu me senti sem chão e desesperado. O desespero rouba da vida o dia de amanhã, pois nos coloca numa ansiedade permanente que só conhece o aqui e agora. Era um tempo de muitas mudanças pessoais, de novos desafios, mas de profunda solidão, de perdas agudas. Tudo era muito confuso e rápido, e eu não conseguia assimilar bem o que vivia. Não conseguia dormir direito, o silêncio mais do que nunca me angustiava e eu demandava permanentemente os amigos para desabafar e procurar soluções. Não é problema recorrer às pessoas, mas elas não são soluções ambulantes. Até que fiz uma viagem para Cuiabá.

A ideia era dar uma pausa no ritmo de trabalho, respirar novos ares, distrair a mente. No avião, até cochilei algumas vezes, mas acordava me sentindo mais cansado. O sono, estranhamente, não me renovava. Chegando lá, já no primeiro dia, eu e uma amiga fomos a uma cachoeira. Num lugar afastado da cidade, meus pés logo foram se acostumando a esse outro chão, os ouvidos se habituando aos sons, os olhos contemplando a imensidão do verde ao redor.

Eu sentia frio, mas queria muito entrar na água. Entrei devagar, com cuidado, e a água estava extremamente gelada. Primeiro molhei os pés, depois os pulsos e a nuca, como minha mãe me ensinou. Fui caminhando lentamente pelas pedras, até mergulhar na água com todo o corpo. Então alcancei uma pedra onde era possível sentar e deixar que a queda-d'água caísse justamente sobre a minha cabeça. Ali parei e perdi completamente a noção do tempo. Fui tomado por uma perspectiva de Universo. Fui me integrando ao espaço, ouvindo cada som ao redor, tentando discernir o que era o som das águas, dos pássaros, do vento, das pessoas ao longe. Fui sentindo o vento sobre cada parte do meu rosto e imaginando o céu, as estrelas, o Sol, a Lua, os outros planetas. Fui imaginando os povos, as pessoas de todos os lugares e de todas as épocas.

A natureza nos convida a outro lugar, a outro tempo, a outra velocidade. A natureza nos faz pulsar com ela. Então fui arrebatado por uma pergunta: há quanto tempo essas águas caem? Fui tomado por uma sensação de efemeridade e eternidade ao mesmo tempo. Senti que aquelas águas caíam há um tempo incontável para mim. Quando nasci, elas já corriam, e depois da minha morte aquela cachoeira ainda estará ali.

Tudo isso vinha à minha mente de maneira harmônica e intensa. Era muito mais um sentir do que um raciocinar. Lembro-

-me de ter vontade de chorar, mas o desespero aos poucos se despedia de mim. Tratava-se de um choro de alívio, de gratidão. Comecei a comparar Deus com aquela cachoeira. Deus é como uma cachoeira, cujas águas de bondade nunca param de correr. E isso não depende do meu mérito, desempenho ou esforço.

O tempo da natureza nos convida à calma, ao cuidado de si, a uma quietude que rompe com a lógica acelerada e ansiosa dos grandes centros urbanos. Lembro-me da música "Idade do céu", do Paulinho Moska, na parte que diz: "Calma, tudo está em calma. Deixe que o beijo dure, deixe que o tempo cure. Deixe que a alma tenha a mesma idade que a idade do céu". Minha vida se converteu ao tempo da natureza debaixo daquelas águas e minha espiritualidade nunca mais foi a mesma. Minha dor aguda e momentânea se rendeu à idade do céu e assim me senti menor e maior. Então desejei essa espiritualidade que me liga ao todo do Universo e me faz cuidar de mim.

Quero a espiritualidade de são Francisco de Assis, de irmã Dorothy, de Martin Luther King, da minha avó Ruth, pessoas cujas pegadas me ensinaram e ensinam o caminho do amor!

Com Francisco de Assis aprendo a espiritualidade que sacraliza tudo que existe, gerando grande sinergia e harmonia entre o ser humano e o restante da natureza. É respirar a Terra, ser devoto da vida, deixar-se apaixonar pela existência, reconhecer o semblante de Deus em cada rosto e em todo ser vivo. Também aprendo a importância do desprendimento material, do compromisso radical com os pobres, desamparados e famintos. É não naturalizar o fato de que existem pessoas passando fome e vivendo na mais absoluta precariedade. A espiritualidade de Francisco rompe as hierarquias, é superior aos dogmas, está comprometida com os sem voz e sem vez. A espiritualidade de Francisco é profecia para nosso tempo, porque denuncia as estruturas de poder e acolhe as vítimas das injustiças, enquanto anuncia um mundo eucarístico, de partilha de bens e comunhão entre toda a humanidade. Não quero a moralidade insensível e alienada diante das injustiças do mundo. A espiritualidade de Francisco é aquela que abre o coração para que toda vida seja reconhecida em sua plena dignidade.

Quero a espiritualidade de irmã Dorothy, que caminhou com o povo que luta pela floresta Amazônica e por um acesso e uso sustentável da terra. Irmã Dorothy incomodou muita gente sedenta de poder. Ela conheceu o Cristo dos oprimidos e assim dedicou sua vida a caminhar ao lado do povo. Longe de holofotes, da fama e das estruturas de poder eclesiástico, irmã Dorothy fez da floresta um templo. Foi assassinada brutalmente a tiros, a mando de grandes fazendeiros locais. Conta-se que foi abordada por homens armados que, inclusive, questionaram se ela estava armada. Então irmã Dorothy respondeu que sim, pois portava uma Bíblia. Até que ponto o desejo por lucro e poder elimina qualquer noção de humanidade? A Bíblia de irmã Dorothy não era uma arma no sentido literal, mas um dispositivo que lhe dava força para lutar por um mundo mais justo e fraterno.[2]

Com Martin Luther King aprendo a espiritualidade que enfrenta o ódio racial não com passividade e resignação, mas com confronto e questionamento. Nos Estados Unidos da década de 1960, não havia igualdade jurídica entre negros e brancos, vicejava um racismo cultural e institucional. O povo negro era submetido a situações cotidianas de constrangimento, não podendo frequentar determinados lugares públicos, usando banheiros separados, não tendo pleno acesso ao voto, sofrendo violências constantes. No calor dessa injustiça, a espiritualidade de Luther King declarou a igualdade de todos os seres humanos, denunciou o privilégio branco e o caráter injusto e imoral de determinadas leis. Logo, era a espiritualidade que transcendia a ordem jurídica, pois via na dignidade humana para todas as pessoas o verdadeiro princípio a ser seguido. Também era uma espiritualidade de horizontes, de abertura de futuro, de apontamento de novos caminhos para uma vida plena compartilhada entre todos os seres. Trata-se da espiritualidade da utopia, do sonho, do congraçamento, da comunhão universal que só se torna possível por meio de reparações históricas. Luther King também não teve a chance de envelhecer, foi assassinado na sacada do hotel em que estava hospedado.

Quero a espiritualidade da minha vovó Ruth. Uma fé singela, simples, cotidiana, traduzida em carinho, afeto e amor. Minha avó, já com quase noventa anos, todos os dias pela manhã, bem cedinho, se ajoelhava ao lado da cama para orar (que é falar com Deus em forma de bate-papo) por todos os seus filhos, netos e outros familiares. Minha avó tinha uma aposentadoria bem simples e vivia com poucos recursos, contando com a ajuda dos filhos. Depois que vovô morreu, e foram quase sessenta anos de casamento, trazia um constante olhar de saudade, mas sempre com serenidade. Uma vez cheguei em casa e tinha um bilhetinho dela para mim pregado a uma nota de vinte reais. O bilhetinho dizia que o dinheiro era para me ajudar com as passagens para ir à igreja e que ela pretendia fazer isso todo mês. Consegue compreender a grandeza dessa atitude? O que são vinte reais? Do ponto de vista quantitativo, quase nada. Mas era o que ela podia oferecer. O dinheiro não é o mais importante, mas o coração de avó ali entregue. Essa era a espiritualidade de vovó Ruth. Ela morreu três meses depois desse singelo gesto, e até hoje me emociono ao me lembrar dela. Tinha formulações doutrinárias diferentes das minhas em vários pontos, e eu lhe pergunto: isso realmente importa diante de tanto amor?

Pensei em dar a este capítulo o título de "Não era para ser assim" justamente para demonstrar o quanto o fundamentalismo e o extremismo religiosos são nocivos e sufocadores de uma potência bela e criativa da espiritualidade. Se fundamentalismo e extremismo ativam práticas de ódio, a espiritualidade é abertura e dispositivo para fazermos do mundo um lar, da humanidade uma família, da natureza nossa mãe, religando-nos com a experiência mais profunda e legítima de Deus.

Jesus para o nosso tempo

Tenho observado algo que considero muito preocupante: o sentido mais generoso do Evangelho tem sido deixado de lado ou subvertido pelo fundamentalismo religioso. Sua mensagem, que traz uma ética profunda de amor e entrega pelo outro, acabou se tornando um pacote moral de regras de conduta, vigilância de comportamentos e aversão à diversidade. É urgente fazer um contraponto a esse tipo de narrativa e resgatar aspectos da vida de Jesus que podem nos ajudar a entender o potencial fraterno da espiritualidade. Sendo assim, peço licença para recuperar algumas de suas histórias.

Os quatro evangelhos canônicos (Mateus, Marcos, Lucas e João), apesar de terem sido nomeados, foram produções comunitárias. Primeiro havia a tradição oral, ou seja, as pessoas contavam histórias sobre Jesus e assim seus ensinamentos eram transmitidos e levados adiante. Era mais ou menos como deitar no colo da vovó e ouvir suas memórias. A partir desse conhecimento passado de uma pessoa para outra, os textos foram sendo produzidos. É evidente que essas histórias tinham relação direta com seu contexto histórico, isto é, as memórias a respeito de

Jesus foram construídas a partir das perguntas e dos interesses específicos das comunidades que as produziram. É muito interessante perceber, por exemplo, que comparando os quatro evangelhos há diferenças de abordagem e de fatos. O "Pai Nosso" de Mateus é diferente do de Lucas. O Evangelho de Mateus, escrito dentro de um contexto judaico, começa fazendo um grande esforço genealógico para mostrar que Jesus era descendente do rei Davi, conforme a promessa do Messias. Já o Evangelho de João, escrito em contexto helênico, não apresenta a mesma preocupação genealógica e começa fazendo referência ao "Logos", conceito importante da filosofia grega.

Como abordar essas diferenças, e o que elas nos ensinam? Os primeiros discípulos rememoravam as palavras de Jesus porque tinham fé que Ele permanecia entre eles e que seus ensinamentos dariam respostas às questões que viviam. Portanto, era lembrar para entender e praticar. Carlos Mesters, frade carmelita holandês, missionário no Brasil desde 1949, aponta muito bem que toda a transmissão das memórias e ensinamentos de Jesus era comunitária e com o objetivo de dar sentido prático à vida, nunca fruto da iniciativa isolada de uma só pessoa. Esta introdução é importante porque, como veremos, as leituras fundamentalistas da Bíblia apagam o contexto histórico em que esses textos foram produzidos, retirando a beleza e a pluralidade da tradição bíblica. Quando lemos os Evangelhos estamos nos aproximando do chão daquela história e da vivência daquelas pessoas que se esforçavam para lembrar e levar adiante os princípios de Jesus.

Para compreender as palavras de Jesus, portanto, é preciso contextualizá-lo historicamente. Jesus não estava fora do seu tempo. Então, é fundamental entender a dinâmica do povo galileu, do qual Ele fazia parte. Segundo frei Carlos Mesters, para isso podemos contar com informações historiográficas, escritos de época — como os de rabinos do primeiro século —, além de indicações geográficas.

Jesus nasceu em Belém da Judeia, ao sul de Jerusalém, porém cresceu em um pequeno vilarejo da periferia da Galileia chamado Nazaré, ao norte. Nesse território, vivia o povo judeu. Jesus falava aramaico e tinha sotaque típico da região da Galileia. Não pertencia a uma família sacerdotal nem de grandes posses, portanto não gozava de autoridade religiosa nem de privilégios sociais. Trabalhava como agricultor, algo muito comum, pois a terra era a principal fonte de renda daquele povo. Também aprendeu a profissão de seu pai, tornando-se carpinteiro. Enfim, precisava trabalhar para sobreviver. Era bastante pobre; abaixo de sua camada social, havia apenas os miseráveis, aqueles que não tinham os recursos básicos para sua subsistência. Jesus nasceu em um local controlado política e economicamente pelo Império Romano, que impunha pesada carga tributária ao povo e reprimia com violência os movimentos de resistência. Nada muito diferente da situação de milhões de brasileiros e brasileiras hoje, não é verdade?

Basicamente, o povo de Israel estava dividido entre Galileia (Norte) e Judeia (Sul). A Galileia estava cercada de cidades consideradas pagãs e com as quais convivia. Ou seja, era um povo mais acostumado com as diferenças e o contato com outras culturas e religiões. Isso fez com que tivesse maior flexibilidade na observância das suas leis religiosas. Eram mais abertos do que o povo que orava na Judeia, ao sul. Por essa razão, sofriam muito preconceito.

Quando Jesus tinha 21 anos, o governador Herodes construiu a capital de Tiberíades para agradar o imperador Tibério. Era um grande centro comercial e político e lá moravam autoridades políticas e componentes das elites econômicas. Jesus andou por muitos lugares da Galileia, mas os Evangelhos não relatam que tenha entrado em Tiberíades. A construção dessa suntuosa capital se deu a partir da riqueza produzida pelos trabalhadores, e desde muito cedo Jesus entendeu essa realidade, desenvolvendo forte espírito de crítica e rebeldia.

Também cabe destacar que, no governo de Herodes Antipas, o latifúndio cresceu significativamente. As propriedades comunitárias, típicas do modo de vida judeu, estavam se desintegrando devido à alta carga tributária e à expropriação das terras pelas elites. O trabalhador suava muito para pagar impostos, e só depois de saldar as dívidas via o que sobrava para comer e alimentar a família. Vida dura.

Tratava-se também de um povo muito religioso. Havia uma disciplina diária de orações, e aos sábados as pessoas se reuniam nas sinagogas (espaço para leitura da Bíblia e reflexão) para aprender mais sobre as leis de Deus. Também faziam peregrinações anuais ao Templo, que ficava ao sul, na Judeia, na cidade de Jerusalém.

Algo essencial daquela religiosidade era a observância da lei mosaica (ou seja, elaborada pelos hebreus no tempo de Moisés) e uma rígida preocupação com a pureza de seus ritos. Estamos falando de um povo que já havia passado por vários processos de dominação estrangeira e, portanto, a observância estrita da lei era um dos dispositivos de construção de sua memória e identidade. Frei Carlos Mesters diz que "quem não era puro não podia chegar perto de Deus, e quem não chegava perto de Deus não podia receber as bênçãos prometidas a Abraão: terra, descendência e riqueza".[1]

Essa busca pela pureza gerava muita angústia, culpa e frustração. Tocar ou comer algo impuro era inaceitável. Não se podia tocar em sangue, em leprosos ou entrar na casa de um pagão. Eram muitas as normas. Além de ser difícil cumpri-las, era caro.

Por exemplo: se um animal impuro tocasse em algum utensílio da casa, este deveria ser jogado fora. Para que uma pessoa fosse declarada curada de uma doença, deveria fazer uma oferta ao sacerdote. Frei Carlos Mesters argumenta que, por causa dessas leis, "muita gente ficava marginalizada, excluída". As mulheres, por exemplo, não podiam participar de quase nada. A menstruação e o consequente contato mensal com o sangue as tornavam impuras, e, como se não bastasse, o parto também era causa de impureza... Muitas outras pessoas também eram marginalizadas, como os loucos, os possessos, os publicanos, os mutilados, os paraplégicos e, sobretudo, os pobres, que não tinham condições de conhecer nem de cumprir todas aquelas regras.[2]

Foi nesse contexto que Jesus cresceu e, assim, logo começou a questionar esse modelo religioso, se perguntando se tudo aquilo tinha realmente a ver com a vontade de Deus. Jesus começou a perceber que a religião oficial massacrava o povo, se mantinha cúmplice da dominação romana e não promovia a libertação dos pobres e oprimidos. Templo, sinagoga e Império Romano eram pilares de um regime que causava o empobrecimento progressivo da população.

Jesus percorreu vários lugares com seus amigos e amigas. Em seu caminho, houve muitas histórias, encontros, incontáveis memórias, singelos ensinamentos. Ele estava sempre de saída, em permanente movimento. Desejava conhecer as pessoas, ouvir suas histórias e ir ao encontro, especialmente, dos que mais sofriam. Sua mensagem era o Reino de Deus, um contraponto ao Reino Romano. No Reino que ele anunciava, os menores seriam os maiores; os últimos seriam os primeiros; a glória estaria em servir, não em ser servido; a paz seria filha da justiça e a justiça, semeada a partir de atitudes de paz, nunca fruto da guerra; o banquete seria compartilhado entre todas as pessoas, ninguém passaria fome; o perdão seria infinito; as hierarquias, anuladas; os desprezados, acolhidos; os injustiçados perderiam o medo e viveriam em liberdade. Uma mensagem simples e potente, que desmascarava a moralidade religiosa hegemônica. Batendo papo, dividindo o pão, socorrendo os aflitos, chorando com mães que perderam os filhos, compadecendo-se até mesmo de opressores e privilegiados, Jesus constrangia e satirizava os valores dominantes.

Como uma pequena semente lançada sobre a terra, seu movimento parecia inofensivo. Mas logo se percebeu que essa semente podia gerar uma árvore enorme e cheia de frutos. Jesus e seus ensinamentos simbolizam o milagre de ser pequeno e, assim, ser grande, ou a transformação profunda que só os pequenos gestos podem proporcionar, ou ainda o protagonismo fundamental dos anônimos da história. Isso porque Ele preferiu os caminhos comunitários em vez das saídas individuais e da glória pessoal. Quiseram alçá-lo a grande líder, e até mesmo rei, mas Ele sabia como era tentador e infrutífero se distanciar do povo e ceder aos anseios do poder e da fama. Quando se sentia seduzido pela vaidade, costumava ir a lugares solitários e orar. Possivelmente respirava fundo, contemplava a imensidão do céu, deixava-se tocar pela força do vento e se lembrava da fugacidade da vida. Assim, conseguia rir das próprias fraquezas e olhar atentamente para dentro de si mesmo.

Quantos projetos populares já se perderam engolidos pela sede de poder! Fazer pelo povo, e não com o povo, é estar a um passo de se esquecer do povo e se render à tentação dos caminhos fáceis. Lindos desenhos de sociedade perderam sua força quando a vaidade cegou o entendimento, e a comodidade do privilégio roubou a coragem de se confrontar os opressores. Jesus preferiu as aldeias populares, as pequenas cidades, a comunhão direta e permanente com os pobres e oprimidos. Também desafiou os poderosos ao denunciar aberta e diretamente a elite religiosa, econômica e política de seu tempo.

Crescido em um pequeno vilarejo da periferia, muitas vezes foi alvo de preconceitos por sua origem social, étnica e territorial. Ainda assim, não abaixou a cabeça diante dos doutores da religião e das autoridades do Estado. Chamou pessoas para que pudessem caminhar com ele, pois acreditava no poder da coletividade. Criou um movimento popular que se espalhou pela força do exemplo. O ímpeto em amar, servir e acolher as pessoas mais desprezadas desafiou a desumana "normalidade" vigente. Era, sem dúvida, um movimento que subvertia as características dominantes daquela cultura e sociedade.

Por todas essas razões, ele foi vítima de escárnio, hostilidade e perseguição. Mexeu com privilégios enraizados, abalou consciências cauterizadas, expôs egos inflados e ridicularizou a hipocrisia de lideranças religiosas. Nenhum rico queria ouvir (e ainda não quer) que o amor ao dinheiro era contrário e antagônico ao amor a Deus, e que era preciso repartir suas riquezas. Nenhum religioso apegado às estranhezas dos ritos religiosos se sentia bem vendo Jesus entre pagãos, prostitutas e outras pessoas de má fama. A observância milimétrica da lei escondia o sentido mais amplo do amor. Nenhum homem de poder e com autoridade sobre sua esposa gostava de ver as mulheres se organizando e protagonizando o movimento de Jesus. Nenhuma pessoa com algum privilégio entendia por que Jesus, líder de um movimento, se ajoelhava para lavar os pés de seus discípulos. Nenhum erudito se sentia confortável vendo um homem da periferia e sem ensino formal mover e atrair multidões.

Assim, o movimento de Jesus suscitou rejeição, aversão e até mesmo ódio. Foram feitos planos para colocá-lo na prisão, o ameaçaram abertamente e tentaram matá-lo algumas vezes. O

Evangelho de Marcos narra alguns desses episódios. Certa vez, num sábado, Jesus estava ensinando numa sinagoga. Diz o texto que alguns religiosos foram até lá para ver o que Ele faria. Já tinham em mente que teriam a chance de acusá-lo e condená-lo, pois se guardava o preceito do sábado como dia de descanso. Seria, então, um absurdo Jesus fazer uma cura justamente naquele dia. Jesus percebeu a movimentação e a intenção daqueles religiosos. O clima estava pesado. Entre os ouvintes, havia um homem com a mão atrofiada. Então Jesus mandou que ele se pusesse de pé, no centro da sinagoga. A tensão aumentou, todos na expectativa do que iria acontecer. Jesus perguntou: "O que é permitido fazer aos sábados, o bem ou mal? Salvar uma vida ou matar?". Todos ficaram em silêncio. Jesus ficou indignado e ao mesmo tempo triste com a frieza e a dureza daqueles corações. Olhou para aquele homem doente, pediu que ele estendesse a mão, e ele foi imediatamente curado. Os religiosos logo saíram da sinagoga e foram falar com pessoas ligadas ao governo a fim de articular um plano para prender Jesus.

Em boa parte de seu tempo de militância, Jesus passou por situações como essa e teve de fugir para se proteger. Outros meios foram utilizados: tentaram cooptá-lo, oferecendo-lhe facilidades, conforto, holofotes. Com o carisma e a fama que conquistava, certamente podia ter conseguido tudo isso. Mas, para Jesus, "se dar bem" era se manter coerente com suas origens e seus sonhos mais profundos de uma sociedade radicalmente justa. Ele não podia esquecer o povo trabalhador, massacrado pelos altos impostos do Império Romano, ou as crianças subnutridas e as mulheres violentadas.

Jesus já conhecia a cruz muito antes de ser crucificado, pois esse era o meio de tortura e punição do Império Romano, imputado aos subversivos e desobedientes. A insatisfação com o domínio romano era comum, e havia muitos movimentos de resistência. Um deles, por exemplo, era o movimento zelota, que acreditava na luta armada como forma de resistência. Jesus, à sua maneira, foi mais um que se indignou e quis mudar a situação de seu povo. Será que ele viu outros companheiros de luta serem crucificados? Será que sabia ou pressentia que aquele também seria seu destino? Não sentia medo ou vontade de desistir? Certamente sentia. Mas tudo é uma questão de olhar.

Ele viu a dor do mundo: o semblante cansado do pobre e o choro desesperado de uma mãe sem ter o que dar de comer aos filhos. Jesus chorou com a fome dos que sentiam fome. Ele também viu crianças brincando na praça e se deixou tocar por aquela leveza e espontaneidade, e sem dúvida quis brincar junto. Chegou mesmo a dizer que às crianças pertencia o Reino de Deus. Deve ter se sentido cansado da moralidade adulta e de suas brigas sem fim.

Jesus viu a religião ser usada para manipular e alienar o povo, justificando a desigualdade e desestimulando movimentos de resistência. Viu sacerdotes ricos fazendo acordos escusos com os opressores romanos. E como não ver? As imagens estavam cravadas em sua consciência, marcadas em seu coração. Não havia mais como recuar, mesmo sabendo que as tropas romanas estavam cada vez mais perto de seu corpo. As lágrimas solitárias de Jesus não estão registradas nos textos bíblicos, embora seus indícios estejam ali. Jesus é Deus assumindo a condição humana em sua profundidade, potência e fragilidade. É o próprio Deus entre nós, pegadas divinas na história humana.

Então, agora faço um convite: vamos a alguns exemplos de como Jesus reagiu ao medo e ao ódio e se manteve firme na incondicionalidade do amor. Resgatar a memória de Jesus tem a ver com a minha identidade e experiência de fé, é algo necessário no combate contra o fundamentalismo cristão, um dos dispositivos ativadores de práticas de indiferença, intolerância e ódio em nossa sociedade.

A REJEIÇÃO

Certa vez, caminhando com seus discípulos em direção a Jerusalém, Jesus pediu que alguns deles fossem à frente e preparassem o próximo pouso numa aldeia de samaritanos. Naquela época, havia uma rivalidade histórica, cultural e religiosa entre samaritanos e judeus.*

Os samaritanos faziam parte do Reino do Norte de Israel. Após a morte do rei Salomão, o reino de Israel se dividiu em dois. O Reino do Sul, com a capital em Jerusalém, também conhecido como Reino de Judá, e o Reino do Norte, com a capital em Samaria, também conhecido como Reino de Israel. Ambos os reinos sofreram com dominações estrangeiras e exílio. Cerca de setecentos anos antes de Cristo, o Reino do Norte foi dominado pelos assírios. Quando os samaritanos foram para o exílio, houve grande mistura étnica, racial, cultural e religiosa. Na ótica do povo do Sul, os samaritanos perderam sua identidade, tornaram-se infiéis a Deus, agrupando-se religiosamente em torno de uma espécie de seita. Na prática, por causa dessas misturas, os judeus mais ortodoxos consideraram os samaritanos seres desprezíveis. Uma das expressões mais sérias desse conflito era quanto ao local certo para a adoração. Os judeus acreditavam que era o templo em Jerusalém, já os samaritanos acreditavam que era o templo que haviam construído no monte Gerizim. No tempo de

* Lucas 9,51-55.

Jesus, esse preconceito era extremamente intenso. Por essa razão, aquele pedido de Jesus para que os discípulos fossem na frente era muito desafiador.

E os discípulos fizeram conforme Jesus havia orientado: entraram na aldeia e procuraram um lugar para o grupo repousar, ao menos por aquela noite. Contudo, a recepção não foi boa, e nenhuma casa abriu suas portas. As mágoas históricas falaram mais alto e eles não conseguiram abrigo. Então voltaram a Jesus repletos de raiva e rancor. Imagino que tivessem o discurso pronto: "Viu, Jesus? Fica dando atenção para esse povo, dá nisso", ou "Olha a vergonha que passamos, nem devíamos ter ido lá". Evidentemente, ninguém gosta de ser rejeitado, de não ser bem-vindo, mas o relato do Evangelho de Lucas conta que os discípulos disseram o seguinte: "Senhor, quer que mandemos um raio dos céus para acabar com eles?". É isso mesmo que você está lendo, foi essa a ideia dos discípulos! Fico imaginando Jesus em silêncio, ouvindo a explanação raivosa e eloquente sobre como era um acinte aquela situação, que eles deviam reagir energicamente etc.

É evidente que os discípulos estavam reagindo a uma ofensa, a um dia inteiro batendo de porta em porta e ouvindo um não atrás do outro. Ninguém gosta de passar por isso. Contudo, eles estavam desconsiderando o contexto. Simplesmente se esqueceram dos problemas históricos envolvidos na questão e do quanto a ação dos samaritanos também podia ser interpretada como uma defesa ou resposta às vezes em que se sentiram ofendidos e atacados pelo povo de Jesus. Os discípulos não conseguiram olhar para dentro de seu próprio povo e compreender o quanto o ciclo histórico de hostilidade gerara esse ambiente de não aceitação mútua. É muito difícil reconhecer a nossa parte nas ofensas da vida, e sempre mais fácil jogar a culpa no outro.

Os discípulos provavelmente bateram em um número limitado de casas, contudo, a solução que encontraram foi acabar com toda a aldeia. Julgaram todo o povo de uma só maneira, sem compaixão. Esse mecanismo é usado até hoje, mesmo que de forma não consciente. Certa vez, ouvi de uma jornalista que o povo negro era o que mais lotava as prisões brasileiras porque era o que mais cometia crimes. Quantas pessoas não atravessam, ou já atravessaram, a calçada quando veem um jovem negro caminhando em sua direção? Ou quantas pessoas legitimam ações violentas do Estado nas favelas porque julgam que ali só há criminosos? Por trás dessas ações e reações há um olhar que estigmatiza e descontextualiza um povo. Quando um negro comete um crime (e, sabemos, pessoas de todas as etnias e classes cometem), ele serve de base para um julgamento final, definitivo, generalizado e preconceituoso que engloba *todos* os negros. Quando um branco comete um crime, ele é a *exceção*, seu caso é singular, personalizado, não expressa o comportamento da raça branca.

O preconceito, portanto, é profundamente entranhado na consciência e muitas vezes nem sequer é percebido, muito menos admitido. Vocês podem achar que a atitude dos discípulos foi simplesmente reativa, mas entendo que ela é mais do que isso: reflete o ódio e o preconceito que eles já tinham com relação aos samaritanos.

O rancor acumulado cria rótulos e desumaniza as pessoas, impossibilitando a abertura para uma reconciliação. Quando acontece conosco, não consideramos a pessoa de quem temos raiva um ser humano passível de acertos e erros. Se a pessoa tiver uma atitude de bondade, diremos que é falsa. Usaremos seus erros como trampolim para afirmações duras e definitivas. No fundo, projetamos uma imagem que não nos deixa mais ver as pessoas em sua complexidade. Enfim, rotulamos o outro.

Mas os discípulos foram além do rótulo: quiseram matar. E, não podemos esquecer, caminhavam com Jesus havia algum tempo e testemunharam suas curas e milagres. Segundo os Evangelhos, aos poucos os discípulos começaram a ter autoridade para também empreender as próprias curas e milagres. Mas, vejam só, bastou um pouco de poder e proximidade com Jesus para que se sentissem investidos da capacidade de julgar e condenar. E nem Jesus se sentia com essa autoridade! A proximidade com o Mestre não significou que os discípulos haviam entendido sua mensagem. Será que essa situação não pode ser aplicada aos dias de hoje?

Facilmente tornamos nossa experiência religiosa um meio de legitimar a ideia de que quem não pensa como nós é inferior ou está perdido. Também com imensa facilidade encaramos nosso modo de vida como exemplar, e tudo que escapa a ele ganha o status de exótico, primitivo e não desenvolvido. Assim, rapidamente perdemos a capacidade de comungar com as mais diversas tradições religiosas.

Os discípulos se sentiram no direito de eliminar um povo. Trata-se da violência como forma de resolução de conflitos, o que também é, infelizmente, comum nos dias de hoje. As exigências de uma sociedade cada vez mais pautada na competição e no consumo, esvaziando o sentido público e comunitário da vida, têm deixado as relações mais impessoais ou esgarçadas; as pessoas têm menos paciência para a complexa arte da convivência, que inclui uma boa dose de perseverança. Onde estão as mediações de conflito, os pactos de reparação, as reconciliações? Há um clamor geral para que a punição, a vingança ou a violência sejam os meios escolhidos para se resolverem conflitos. Não é com atos extremos de violência que muitas vezes simples desentendimentos no trânsito terminam, ou brigas entre vizinhos ou desavenças em bares, em bancos, no trabalho, em casa?

Conflitos são intrínsecos aos relacionamentos humanos, o problema está na nossa incapacidade emocional e relacional de produzir formas de mediação para resolvê-los de maneira pacífica ou evitá-los. Jesus, evidentemente, repreendeu seus discípulos. Em alguns manuscritos desse texto, Jesus teria dito: "Vocês não sabem de que espírito são filhos?". O que significa dizer que Ele sabia que seus seguidores não haviam entendido realmente a natureza do movimento do qual faziam parte. Para Jesus, o poder estava submetido ao amor; portanto, eliminar pessoas não era uma alternativa. A proposta dele não era julgar ou condenar, mas resgatar a humanidade. Esse resgate inclui o ato de perdoar, e não o de retribuir mal com o mal. O amor abre espaço para um novo ponto de partida. Pela lógica dos Evangelhos, divergências não são tratadas na bala, erros não justificam outros erros, atitudes maldosas não definem as pessoas por completo.

Tanto tempo de convivência e os discípulos ainda não tinham aprendido o básico? Mas não basta criticá-los, é preciso usar essa crítica para refletir sobre a história do cristianismo e as nossas próprias práticas cotidianas. Inúmeras pessoas que frequentam os cultos, por exemplo, costumam dizer, em alto e bom som, que bandido bom é bandido morto, que a pena de morte é a solução para a criminalidade, que linchamentos são formas de fazer justiça, que cada cidadão deve ter uma arma na mão para se proteger, que a polícia deve entrar atirando nas favelas, e tantas outras frases que apostam na violência como modo de solucionar conflitos e garantir proteção. De acordo com essa história do Evangelho, Jesus caminhava sabendo que os encontros da vida poderiam gerar conflitos, mas nunca usou a eliminação do outro e a violência como meios para lidar com esse fato.

DEIXE DEUS PARTIR

Ainda segundo a memória dos Evangelhos, os discípulos foram contar a Jesus que um homem expulsava demônios em nome dele, e que eles o impediram, pois o homem não caminhava com eles. Jesus disse que não o impedissem, e arrematou com um provérbio da época: "Quem não está contra nós, está a nosso favor".*

Não vou falar aqui dos exorcismos praticados por Jesus; basta apontar que, para mim, eles tinham um caráter de inclusão e acolhimento. Dentro do imaginário e dos símbolos da cultura judaica daquela época, pessoas possuídas estavam amaldiçoadas, portanto, eram excluídas e desprezadas. Dessa forma, as curas e os exorcismos eram ações que questionavam esses critérios seletivos e promoviam uma espécie de "segunda chance" de inserção social.

Voltando ao relato do Evangelho de Marcos, reparem que os discípulos decidiram impedir uma pessoa de praticar exorcismos porque ela não fazia parte do grupo. Não sabemos detalhes de quem era o homem, o texto não diz, mas o problema parece ter sido que ele não andava com os discípulos. Ou seja, o que estava em jogo era fazer parte ou não do grupo, e não a ação propriamente dita.

Jesus, contudo, considerou o valor da atitude, o bem promovido, a intenção de bondade do homem. Ao que tudo indica, esse pequeno trecho do Evangelho pontua também que Jesus não é monopólio da comunidade cristã. O olhar dos discípulos não ultrapassou a fronteira do lugar que ocupavam. Fora dali, não poderia haver nada de realmente bom. Possivelmente, o que eles viviam no dia a dia com Jesus era muito intenso e apaixonante,

* Lucas 9,49-50.

cheio de momentos incríveis, histórias maravilhosas, tudo sob a profunda convicção de que trilhavam o caminho correto, vivendo a vontade de Deus. Isso talvez tenha feito com que concluíssem que aquela experiência era única, ou melhor, exclusiva. É nessa exclusividade que reside o problema, porque ela impediu que eles vissem os sinais de Deus em outros cantos.

Esse desprendimento é muito difícil, eu sei. Aceitar a experiência de fé do outro ou reconhecer a beleza dos sinais de Deus naquele que vem de longe parece uma negação de Deus nas nossas próprias vidas. Soa como perda de identidade. Contudo, Jesus mais uma vez surpreende. O critério da verdade não pode estar no grupo ao qual pertencemos, na fé que professamos, no nosso modelo comportamental, mas na essência. A verdade não é uma doutrina fechada, mas o amor em prática ou a prática do amor, sobre isso nenhum grupo religioso tem exclusividade.

Ainda criança, por intermédio de meus pais, tios e avós, fui apresentado ao Evangelho. Lembro-me de guardar os primeiros textos bíblicos dos cultos em casa. Aprendi a chamar Deus de Papai do Céu, uma referência de carinho e cuidado para mim. Aprendi que podia falar com Deus porque ele é amor, e que esse amor havia se manifestado para nós por meio de Jesus. Essa mensagem entrou em meu coração e se tornou minha experiência e aposta. Antes de dormir, eu conversava com Papai do Céu sobre o dia, agradecia pela família e pedia um sono de paz. Perto do meu aniversário eu pedia para não ganhar só meias e cuecas. Falava com ele também sobre as pequenas coisas do meu universo infantil.

Encantei-me com Jesus e, já adolescente, mergulhei na vivência da Igreja, onde fiz as minhas maiores amizades. Um amor incondicional surgiu, e o que me ganhou foi justamente o convite para experienciar Deus não pela mediação dos acertos ou erros que eu cometia. Isso significa que, na interpretação que partilho do Evangelho, não há nada que possamos fazer que leve Deus a deixar de nos amar. Seu amor não se dá em função de nossas atitudes. Não há bênção ou maldição, créditos ou débitos, culpa ou medo. Escrevo essas palavras confessando publicamente minha paixão por Jesus e pela maneira como Deus se apresentou a mim no Evangelho. Está para além de um recorte institucional ou doutrinário, é existencial. Não tenho provas empíricas para oferecer nem posso fechar essa experiência numa doutrina. Jesus é Deus se revelando para mim, e essa mensagem ganhou meu coração. Enquanto escrevo, sofro a tentação de afirmar que é algo tão profundo e real que não existe a possibilidade de outra experiência de Deus além dessa que vivi e vivo. Mas então sou abalado e vencido pelo tamanho do Universo, pela variedade de povos, culturas, religiões e crenças. Por mais profundo que seja aquilo que vivo, será que dá conta da multiplicidade de experiências espirituais que há no mundo? Soa estranho? Sim, mas é preciso deixar Deus partir, pois Ele não é definido por uma experiência única, Ele não é domesticável. Esse é o salto mais profundo e corajoso da fé: olhar para além das fronteiras da nossa instituição, tradição, cultura e experiência pessoal. O que pode soar como perda de fé pode ser a fé mais madura, profunda e aberta à grandeza e ao mistério do Sagrado.

Recentemente, terreiros de religiões de matriz africana foram depredados no estado do Rio de Janeiro. Para ser mais justo e exato: desde 2017 os ataques aumentaram, porque na verdade eles sempre existiram. Mães de santo foram perseguidas ou tiveram que destruir seus objetos de culto sob a ameaça de uma arma. As pessoas que fizeram isso disseram que aqueles objetos eram do diabo e, portanto, tinham de ser destruídos "em nome de Jesus". Essas foram ações organizadas por traficantes evangélicos.

É evidente que não se pode generalizar e achar que essas atitudes representam todos os cristãos dessa tradição religiosa. Seria no mínimo injusto. Por outro lado, também não dá para afirmar que são atitudes isoladas, sem nenhuma base, referência ou inspiração em determinados discursos evangélicos. Historicamente, foi produzido um olhar que trata as religiões de matriz africana como algo perverso e maligno, e isso tem a ver com intolerância, mas, sobretudo, com racismo religioso. Tudo aquilo que tem relação direta ou indireta com o continente africano e a ancestralidade negra é visto como algo ligado a práticas demoníacas. Passei então a visitar terreiros para ouvir o que esses irmãos tinham a dizer. E também comecei a ser convidado para participar de rodas de conversa sobre tolerância religiosa. Não fiz isso sozinho, muitos irmãos e irmãs se mobilizaram. Um grupo de cristãos decidiu, inclusive, recolher recursos para ajudar na reconstrução de alguns terreiros, numa tentativa, humilde e conscientemente insuficiente, de reparação.

Ataques de determinados segmentos religiosos vieram com força e fúria: "O que um pastor está fazendo lá?", ou "Foi lá evangelizar?". Conto esta história tão somente para demonstrar como a noção de Deus limitada à sua própria experiência e ao seu grupo gera um ambiente de violência.

Já falei do sorriso da minha filha, que não é só para mim, e do pedacinho de rio que não consigo conter em minhas mãos, lembram? Penso que assim é Deus. Ele está em mim, mas não é só meu, e preciso aprender a deixá-lo partir. Onde o amor se manifesta, isso é favorável à lógica do Evangelho, é vento divino que não depende da minha decisão e não está sob meu controle. Que bom!

NÃO É ENTULHO, MAS SER HUMANO

Outra história, registrada no Evangelho de Marcos, fala de um cego chamado Bartimeu. Ele vivia na rua, na precariedade da pobreza, da enfermidade física e da exclusão social. Nos códigos culturais da sociedade judaica do primeiro século, assim como a possessão, as doenças eram sinal de infortúnio. Um dia, Jesus caminhava, cercado pela multidão. (Esses eram momentos muito populares em sua vida, aonde chegava, multidões iam ao seu encontro.) Bartimeu percebeu pelos sons ao redor que ele estava passando. A notícia dos milagres e das curas que Jesus fazia já havia se espalhado, e Bartimeu percebeu uma chance de pedir socorro. Contudo, o clamor da multidão era ensurdecedor. Bartimeu então gritou bem alto, na expectativa de ser ouvido. As pessoas ao seu redor o repreenderam. Devem ter dito coisas como "O que você está fazendo? Tem uma multidão aqui, acha que ele realmente vai te ouvir?", ou "Se você está assim, algum mal deve ter feito", ou ainda "Deixe os milagres para quem realmente merece".*

Bartimeu não se intimidou e encontrou forças para gritar ainda mais alto. Algo em seu coração dizia que era hora de clamar, não importava o que as pessoas dissessem. E algo surpreendente aconteceu. Jesus ouviu. Ele calou a multidão, se desvencilhou dos obstáculos e foi ao encontro de Bartimeu. Imaginem a estranheza dessa cena. Bartimeu estava ali, suponho, todos os dias, padecendo em meio ao passeio público, invisível e tragado pela "normalidade" do dia a dia. Quem se importava? Quando Jesus vai até ele, essa fria "normalidade" é quebrada. Jesus lhe pergunta: "O que você quer que eu te faça?". Fico imaginando a perple-

---

* Marcos 10,46-52.

xidade do próprio Bartimeu. Como será que ele se sentiu? Vitorioso sobre a indiferença das pessoas que tinham dito para ele se calar? Perplexo diante da presença do próprio Jesus de Nazaré? Esperançoso porque sua vida ia mudar? Não importa.

A pergunta de Jesus, essa, sim, me soou um pouco desnecessária... Se era sabido que ele tinha o poder da cura e havia um homem cego na sua frente, não me parece muito difícil concluir o que Bartimeu ia pedir. Mas não é bem assim. Eu acho que Jesus queria que as pessoas ouvissem a voz daquele homem. Não literalmente, porque é provável que Bartimeu usasse sua voz todos os dias. Tratava-se de lhe dar o direito à palavra, levar em conta o seu desejo e, assim, reconhecer sua existência e dignidade. Não é Jesus quem diz do que Bartimeu precisa, é Bartimeu que verbaliza sua vontade. Jesus queria ajudá-lo, mas também queria mostrar para os que estavam em volta o quanto tinham sido indiferentes a Bartimeu, e que continuariam praticando essa indiferença ao não considerarem que ele podia, como todo ser humano, expressar o que queria.

O relato do Evangelho diz que Bartimeu respondeu prontamente: "Senhor, eu quero enxergar!". Então ele foi curado e viu Jesus. Mas não só Jesus. Ele viu um grupo, um espaço de comunhão. Diz o texto que ele se levantou, se uniu ao movimento e seguiu caminho, louvando a Deus. Ele foi acolhido, abraçado, integrado, convidado a desfrutar do protagonismo da vida.

Como seria Jesus hoje, andando pelas ruas das nossas cidades? Quais são os sinais deixados por Jesus para uma sociedade tão economicamente desigual como a nossa?

Quando os sem-teto se organizam e ocupam um terreno abandonado, ou entram em um latifúndio não produtivo ou servindo à especulação, ou quando indígenas lutam pela demarcação e proteção de suas terras, o que devem fazer ou como devem se posicionar os discípulos de Jesus? Insisto, de maneira pedagógica, que este trecho do livro está destinado a resgatar a memória e os ensinamentos de Jesus como contraponto aos valores hegemônicos de uma sociedade que descarta pessoas e intensifica dispositivos de ódio, e que, não raramente, esses mecanismos são justificados por determinada moral cristã. Contudo, lembrem-se, o padrão vigente foi quebrado, e Jesus foi até Bartimeu.

Amar os opressores... será?

É possível sermos generosos com quem nos oprime e maltrata? Sei que o capítulo com as passagens do Evangelho já passou, mas acho que esta história ilustra muito bem o que eu gostaria de dizer.

Caminhava Jesus, mais uma vez cercado pela multidão. Um homem chamado Zaqueu desejava vê-lo. Zaqueu era publicano, ou seja, um intermediário do governo romano, responsável por fazer a coleta de taxas, tributos e impostos. Era extremamente comum a prática dos publicanos de defraudar, extorquir e subornar o povo. Comumente eles enriqueciam explorando a população, pedindo mais do que o governo romano exigia e embolsando o "excedente". A carga tributária por si só já era um grande peso, mas com as fraudes a situação ficava ainda mais difícil. Por essa razão, e ela não é pequena, os publicanos eram rejeitados e odiados pelo povo.[*]

Zaqueu então estava ali, no meio da multidão, tentando chegar até Jesus, mas diz o texto que ele era baixinho demais e, por-

---

[*] Lucas 19,1-10.

tanto, não conseguia ver direito para onde deveria seguir. Foi quando teve a brilhante ideia de subir em uma árvore. Jesus olhou para cima e deve ter achado aquilo no mínimo curioso, pois disse repentinamente a Zaqueu: "Desce depressa, pois hoje me convém visitar a tua casa". As pessoas ao redor ficaram revoltadas, afinal de contas, o homem era um explorador do povo. Zaqueu, talvez constrangido, reagiu na hora: "Senhor, dou metade dos meus bens aos pobres, e a quem defraudei vou restituir quatro vezes o valor". Jesus felicitou Zaqueu e disse que naquele dia a salvação chegaria à casa dele.

Essa história é curiosa e traz uma simples lição: Jesus não fechou as portas para os opressores e injustos, mas não deixou de denunciar suas práticas impiedosas. Um equilíbrio difícil, porém necessário. Um discernimento que exige grande sabedoria. Jesus também denunciou os vendilhões do Templo, afirmando categoricamente que aquele não era um espaço de comércio, mas de oração. E também houve momentos em que Jesus chamou os líderes religiosos de hipócritas, raça de víboras, e o governador Herodes de raposa, uma referência à sua maldade.

Amar não significa ficar passivo diante das injustiças. A linha geral de seu comportamento era, basicamente, não desprezar ninguém, não descartar pessoas, não tirar a humanidade dos opressores. Tudo indica que Jesus não viu no ódio um elemento de justiça, nem na vingança uma ação frutífera. Dessa história apreendo dois elementos muito importantes: o perdão e o amor aos inimigos.

Certa vez, o apóstolo Pedro perguntou a Jesus quantas vezes se devia perdoar a quem nos ofende e sugeriu, amparado na tradição bíblica, o número sete como uma referência plausível. Jesus respondeu de maneira curiosa que o certo seria perdoar setenta vezes sete. Jesus implodiu a dimensão quantitativa e foi além dos protocolos, mostrando que o perdão não pode ser uma atitude mecânica ou casual, mas uma atitude permanente, um modo de viver. Essa história pode ser banal ou inexequível, contudo faço uma pergunta: haverá saída para nós sem os mecanismos de perdão e reconciliação? Ou: o que acontece com uma sociedade que abre mão de praticar o perdão? Ou mais: vamos assumir a lógica do olho por olho, dente por dente?

Em uma sociedade elitista e racista como a nossa, as pessoas "culpadas" são previamente definidas, e são, via de regra, pobres e negras. Elas são menos dignas de perdão, dadas as injustas e desumanas hierarquias sociais e raciais. Levando para o ambiente das relações cotidianas e interpessoais, cabe a pergunta: algum relacionamento se sustenta sem a prática do perdão? Evidentemente que não, a não ser que seja baseado na hipocrisia, na falsidade e na superficialidade. Jesus parece ter percebido o caráter caótico de não oferecer às pessoas a possibilidade do recomeço. Perdoar não significa que não houve conduta perversa, ou abrir mão de uma justa razão. Perdoar significa não desumanizar, não rotular nem resumir a pessoa aos erros que ela cometeu.

Repare que Zaqueu foi levado ao arrependimento, à partilha de bens e a restituir, quatro vezes mais, as pessoas a quem explorou. Não se trata de criar uma sociedade fantasiosa, passiva, e, por isso, ilusória, mas precisamos refletir sobre o caráter punitivo e seletivo que marca nosso convívio social. Sem a possibilidade do perdão estamos fadados ao fim, e uns chegarão ao fim antes de outros, embora todos sejam afetados. Uns antes de outros por causa das injustiças econômicas e das opressões culturais que selecionam os corpos culpados, os potenciais inimigos, mas, não se enganem, a violência e a vingança vão se tornando uma engrenagem difícil de segurar porque ganham aspecto de hábito, tornam-se soluções cotidianas para quaisquer conflitos, e, dessa forma, cada um de nós pode ser o próximo alvo de uma sentença definitiva, sem chance de recomeço.

Vocês podem ser os próximos.

E o que dizer de Jesus sendo crucificado no monte do Calvário? Ele havia sido preso e estava sendo executado pelo Império Romano em nome da paz e da ordem. A execução era também um linchamento social, pois o acusado sofria inúmeras hostilidades dos soldados romanos e do povo que por ali passava. Ele morreu violentamente, sob tortura, injustiçado por grande parte das pessoas a quem deu amor. Dá para imaginar o tamanho dessa dor? Ainda assim, Jesus olhou para o céu e disse: "Pai, perdoa-lhes, porque não sabem o que fazem".* Inacreditável essa postura de Jesus. Confesso que não consigo dar conta do significado total dessas palavras, porque são tão poderosas que me escapam. Mas posso afirmar que Jesus não respondeu na mesma moeda a quem praticava o mal contra ele. Preferiu dar fim ao ciclo de ódio, achou mais potente desmascarar o ódio com a contundência revolucionária do amor. Muitas daquelas pessoas que lhe infligiram tamanha maldade tinham um entendimento equivocado dos fatos, não eram intencionalmente más. Por isso o "não sabem o que fazem".

A revolução proposta por Jesus é tão profunda que exige novas formas de organização da vida, da mediação de conflitos e do significado de justiça. Assim, amar os inimigos não significa gostar deles. Confuso? Na verdade, é simples: é evidente que não é possível admirar quem nos odeia ou nos faz mal, e não foi isso que Jesus pediu. Não se trata de sentimento, mas de atitude. Amar o inimigo é reconhecê-lo como humano. Há algo mais revolucionário? A sociedade pode mudar radicalmente de outro jeito? Não

* Lucas 23,34.

há passividade nem cabeça baixa diante da maldade e dos sistemas perversos, mas há o apontamento do que realmente pode superar esses sistemas opressores e os dispositivos de ódio. Enfim, Jesus transformou o ódio em declaração de perdão e oração pelos seus inimigos. Se isso é impossível, então é impossível a construção de um mundo de paz.

QUEM É O MEU PRÓXIMO?

Um especialista da Lei que regia o povo judeu chega até Jesus e faz a seguinte pergunta: "Mestre, o que devo fazer para herdar a vida eterna?". Jesus responde com perguntas, instigando o homem a refletir e a buscar a própria resposta: "O que está escrito na Lei? Como você a interpreta?". O homem responde sem titubear: "Amar a Deus de todo o coração, com toda a alma, com toda a força, com todo o entendimento, e ao próximo como a si mesmo". "Muito bem, pratique isso e viverá", disse Jesus. Só que a resposta incomodou aquele profundo conhecedor da Lei de Deus: "Mas quem é o meu próximo?".*

O fato é que naquela tradição religiosa havia certa seletividade. Estrangeiros e não observantes da Lei, por exemplo, não eram considerados "próximos". Em última análise eram os doutores e especialistas da Lei que acabavam definindo quem era e quem não era o próximo. Ou melhor, quem merecia e quem não merecia amor. Diante disso, Jesus resolveu contar uma história para o homem. Ele adorava isso, observar os acontecimentos da vida real transformando-os em histórias repletas de imaginação e simbolismos para dali retirar importantes lições. Provavelmente

* Lucas 10,25-37.

Ele mudava a narrativa de acordo com a situação, com o ouvinte, com o contexto. Ao contrário das doutrinas fechadas, que engessam o entendimento, histórias ativam a curiosidade, provocam reflexão, falam ao coração. Jesus era um artista, um contador de histórias. E vejam o que ele resolveu contar.

Um homem ia de Jerusalém para Jericó por uma estrada cheia de curvas e abismos. Também era perigosa porque comumente ocorriam ali emboscadas e assaltos. Foi o que aconteceu com nosso homem. Ele foi roubado, espancado e deixado quase morto à beira do caminho. Então passou por ali um sacerdote. Ele viu o corpo jogado no chão, mas se afastou, seguindo seu caminho. Também passou por ali um levita (outro funcionário do Templo), que fez o mesmo. Até que passou por ali um samaritano, que foi ao encontro do homem, cuidou de suas feridas, colocou-o sobre seu transporte e levou-o até uma hospedaria. No dia seguinte, ele separou uma quantia de dinheiro e deu ao dono do estabelecimento, pedindo que cuidasse daquele homem, pois ele arcaria com todos os custos.

Ao terminar a história, Jesus perguntou ao especialista da Lei: "Qual dos três se comportou como próximo daquele homem caído à beira do caminho?". Ao que o especialista respondeu: "Aquele que usou de misericórdia". Jesus com simplicidade arrematou: "Vai lá e faz o mesmo".

Jesus decidiu, como vimos, contar uma história para que o especialista da Lei refletisse sobre sua tradição religiosa e sua conduta. Ele se recusou a ter uma discussão abstrata, chamando o homem à responsabilidade da ação. Isso é importante porque na maior parte das vezes o debate sobre a experiência religiosa se restringe a uma discussão teórica sobre Deus. Quantas pessoas, ao longo da história, não foram excluídas, expulsas e perseguidas porque apresentaram um pensamento diferente da doutrina vigente? Nessa lógica, é mais importante ter conhecimento sobre Deus (considerado único e inquestionável) e sua doutrina do que viver em atos a experiência profunda do amor.

Aquele homem tinha muito conhecimento religioso, mas faltava-lhe uma compreensão mais profunda. O conhecimento, desprovido de amor, sensibilidade e dedicação à vida, pode se tornar pura ignorância. Como assim? Explico. Trata-se do conhecimento da letra pela letra, o ato de decorar sem entender. Muitos religiosos eram especialistas na Tradição, tinham centenas de textos memorizados, faziam orações e jejuns com regularidade e disciplina, praticavam com cuidado os ritos prescritos pela Lei, mas estavam absolutamente cegos, fechados em si mesmos, subordinados a uma leitura literal que não era acompanhada de capacidade interpretativa. Quando isso acontece, as pessoas acham, sem perceber, que Deus é menor do que o texto. E, por essa razão, lamentável e tragicamente, a Bíblia já foi usada tantas vezes para promover inúmeras violências.

O Brasil é o país que mais mata transexuais e travestis no mundo, e uma parte dos cristãos não consegue sentir essa dor, porque está mais preocupada em dizer que eles estão em condição de pecado.[1] A verdade é que eles sentem repulsa dessas pessoas, e só as querem por perto se forem "ajustadas", "disciplinadas" ou "curadas". Homossexualidade e transexualidade para eles têm a ver com pornografia, promiscuidade, pedofilia, destruição das famílias, como se a função dos LGBTs fosse provocar o mal e afrontar a Igreja. Este é um debate longo e difícil do ponto de vista religioso, e é impressionante como tenho de justificar o tempo inteiro a minha posição. De alguma forma, isso é algo que mexe muito com a nossa sociedade, pois observo que se afirmar como cristão em oposição à homossexualidade tem se tornado algo constante para muitos irmãos e irmãs de fé. Mais importante do que crer em Jesus é afirmar que a homossexualidade é pecado — que seletividade raivosa e violenta.

LGBTs são pessoas de carne e osso: têm sangue, suor, memórias, sonhos. São feitos à imagem e semelhança de Deus e são incondicionalmente amados por Ele. Não é nosso papel definir quem são os "pecadores", certo? Os LGBTs também não estão de "sacanagem". Sua sexualidade faz parte de quem são de maneira real e íntegra. Sexualidade não é algo que se escolhe, não é uma camisa no armário ou um prato no restaurante. (Eu não decidi ser heterossexual, apenas sinto e me entendo assim; por que o contrário não seria verdadeiro?) Para além de termos, nomenclaturas e definições, trata-se da dimensão do desejo. Como pode causar espanto o fato de LGBTs construírem vínculos afetivos reais e leais com seus parceiros? Associar homossexualidade a promiscuidade é algo equivocado e preconceituoso.

Eu não me identifico como Henrique Vieira, o hétero. Não faz sentido. Sou Henrique, filho de Glaucia e de Petrucio, esposo de Carol, pai de Maria, cristão, pastor, ator, torcedor do Flamengo... Muitas coisas me identificam e revelam quem eu sou. Mas, se eu fosse da comunidade LGBT, não seria assim. Eu perderia meu nome, as múltiplas características que me definem, e seria prontamente identificado por minha orientação sexual. É triste. A cada 25 horas um gay é assassinado no Brasil por ser gay.[2] É um crime de ódio, o que quer dizer que geralmente há traços de tortura, porque não basta matar, é preciso impor sofrimento e fazer com que a pessoa saiba e sinta a razão pela qual está sofrendo. É uma forma de punição exemplar. A expectativa de vida de transexuais é de 35 anos.[3] Elas simplesmente não envelhecem. Essa é uma triste realidade que deveria causar verdadeira comoção entre os cristãos, mas muitos já escolheram quem serão seus "próximos" e justificam essa escolha afirmando, categoricamente, que LGBTs se fazem de vítimas e se matam entre si.

As estatísticas não são apenas números, elas se traduzem em histórias dramáticas e verdadeiras de pessoas concretas, com sofrimento real. Eu, como pastor e cidadão, já acompanhei — direta ou indiretamente — muita coisa. Já vi uma adolescente entrando em depressão porque foi submetida a ritos de exorcismo para ser "curada" e já vi adolescente sem poder sair de casa, ou sair de casa vigiada, e não poder usar nem o próprio celular. Já vi gente expulsa de casa ou expulsando o demônio de dentro de si no silêncio do quarto. Já vi suicídio por falta de aceitação. Já acompanhei jovem espancada na rua por ser lésbica e jovem estuprada para aprender a gostar de homem. Já vi transexual moradora de rua ser queimada viva e morrer. Todas essas pessoas tinham nome, eram filhas de alguém, mães de alguém, e não apenas números que engrossaram as estatísticas.

Quando fui vereador da cidade de Niterói, lembro bem de uma menina agredida por ser lésbica. Bateram em seu rosto enquanto proferiam xingamentos homofóbicos, deixando evidente a motivação de ódio e preconceito. Nós a ajudamos com assistência jurídica, para que usasse dos meios legais adequados para reivindicar seus direitos. Fomos com ela até a delegacia, para que prestasse depoimento. Em diversos momentos de insegurança e medo, simplesmente conversamos com ela para dar apoio, oferecer carinho e solidariedade. Dias depois ela chegou ao gabinete acompanhada do pai. Eles traziam flores como forma de expressar gratidão pela nossa equipe e pelo Roberto, nosso advogado, que acompanhou o caso.

Sem falar no que não entra nas estatísticas: humilhação pública, apelidos depreciativos, ameaças constantes. E se você é dos que dizem: "Mas eu não faço isso" ou "Os cristãos não fazem esse tipo de coisa" ou "Nós amamos essas pessoas, só não concordamos com suas práticas", saiba que, diante de tanta violência, não há como manter uma posição neutra. As mãos religiosas fundamentalistas estão, inevitavelmente, cheias de sangue. Para eles, é mais importante salvar a doutrina e o dogma do que a dignidade. O fato de alguém dizer as palavras "Deus", "família", "moral", "bons costumes" com certa frequência não quer dizer que tenha sido enviado pelo Senhor ou que a priori tenha razão. Talvez algumas pessoas estejam lendo as minhas palavras e sua maior preocupação seja se eu acho que a homossexualidade é ou não um pecado. Dependendo da resposta, definirão meu relacionamento com Deus e muito provavelmente passarão a me odiar. Pois bem, para mim pecado é não amar.

Fico pensando na mentira que é essa história do "kit gay" e de como ela é exemplar. Para começo de conversa, não existiu nem existe "kit gay", e até mesmo esse nome é cheio de preconceito. O que existiu foi um projeto para que as escolas, em seu devido tempo e de acordo com a faixa etária dos estudantes, envolvendo toda a comunidade escolar, incluindo pais e familiares, criassem e fomentassem uma cultura de respeito à diversidade. Isso me parece bem razoável e necessário. O que motivou a criação desse projeto foi a violência contra essa parcela específica da população, e ainda em idade escolar. Não foi algo que surgiu do nada. Foi uma resposta a uma demanda real. Ou você acha que as pessoas devem continuar a ser espancadas porque são gays? Ou estupradas ou alvos de chacota ou linchadas?

Mas ainda não terminei esse assunto: nenhuma política pública tem o direito de interferir na orientação sexual das pessoas. Essa é uma esfera privada, individual, não determinada por governos ou pelo Estado. Mas políticas públicas podem, sim, enfrentar o problema da desigualdade e da segurança pública.

Acho incrível que tantas injustiças não escandalizem pelo menos parte da Igreja. Parece que vivemos um processo de anestesia profunda, que paralisa os afetos e mata a sensibilidade humana naturalizando as tragédias, incitando a barbárie e anulando a empatia. Sou discípulo de Jesus de Nazaré, aquele que andou com os pobres, venceu preconceitos, ensinou a amar e não admitiu nenhuma forma de violência, perdoando, inclusive, seus algozes e executores. Acredito que a Igreja deva ter autonomia em relação ao Estado e aos partidos políticos, mas não pode ser neutra diante da violência e da opressão. Deve estar sempre ao lado dos oprimidos. Tenho como princípio básico não apoiar quem homenageia torturadores.

Voltando à história do Evangelho, Jesus não queria que aquela conversa ficasse restrita a uma discussão teórica sobre as leis religiosas, queria humanizar aquele conhecimento, torná-lo frutífero e com implicações concretas na vida daquele homem. Na história, o sacerdote e o levita foram exemplos de indiferença, enquanto o samaritano foi de compaixão. Imaginem o constrangimento criado por Jesus quando contou essa história. Ele estava dizendo que uma pessoa geralmente considerada de comportamento reprovável era um exemplo de amor ao próximo e que as figuras mais respeitadas do Templo não tiveram, como esperado, uma atitude compassiva. Jesus demonstrou que o próximo se define em situações concretas, não em abstrações seletivas, e que o mandamento só ganha sentido e verdade quando vivenciado em amor. O samaritano viu um homem caído, sentiu compaixão e agiu.

Por que o sacerdote e o levita não pararam? Será que estavam atrasados para algum compromisso no Templo? Será que identificaram que aquele homem não era do seu povo e por isso não merecia ajuda? Será que estavam com medo de que ele fosse uma isca para uma emboscada? Como eles, muitas vezes escolhemos quem merece nossa atenção e, dessa forma, nos tornamos indiferentes a todas as outras pessoas. Na história da humanidade, são incontáveis os exemplos de como facilmente perdemos a noção de humanidade e de comunhão com a diversidade.

O que está por trás da violência contra as mulheres? Não é uma projeção de uma mentalidade patriarcal que define as mulheres como inferiores? Acredito que sim. O que falar da violência contra os negros? Não seria uma projeção dos homens brancos ocidentais que se entendem superiores, a expressão mais pura da civilização e do progresso? O que autoriza tanta violência do Estado contra moradores de comunidades e periferias? Não seria porque olhamos para eles como criminosos em potencial? Assim como fizeram o sacerdote e o levita, não achamos que essas pessoas têm merecimento suficiente para receber ajuda.

No contexto da escravidão, era muito comum uma cruz na parede das casas-grandes simbolizando devoção a Jesus. Também era comum a chibata em uma mão e a Bíblia na outra. As pessoas iam aos cultos nas igrejas e depois saíam para comprar e vender negros ou assistiam a linchamentos públicos com a certeza de que eram manifestações da justiça. A religião justificava e abraçava essa violência com tamanha força que ninguém se via como um pecador. Os negros não tinham alma, afinal, assim pensavam.

Vocês podem me dizer que estou julgando o passado com olhos do presente. Respondo que não preciso usar o passado para exemplificar o que quero dizer. Hoje nossos templos estão lotados de pessoas louvando apaixonadamente a Deus e que são, ao mesmo tempo, indiferentes à violência. Todo ser humano é feito à imagem e semelhança do Criador, mas alguns são menos, é o que parece na prática. É mais importante ir à igreja ou apoiar quem precisa de ajuda? A história que Jesus contou continua muito atual. Deus está restrito ao templo e não nos importamos com quem está caído à beira do caminho.

Contudo, não só a indiferença e a falta de compaixão vigoram, o medo também nos impede de agir, pois paralisa. Quantas vezes temos consciência do que é certo, mas, quando nos damos conta dos riscos, optamos pela omissão? É arriscado, por exemplo, em determinados meios religiosos, defender que a criminalização do aborto não está preservando a vida, mas levando milhares de mulheres à morte. Criminalizar não reduz o número de abortos, não educa nem acolhe, e mata especialmente mulheres pobres e negras.

Pode ser arriscado denunciar que a demonização das religiões de matriz africana é fruto do racismo. Um querido amigo meu, cristão e se preparando para ser pastor, fez uma postagem nas redes sociais dizendo que Exu não é o Diabo e se perguntando por que tantos cristãos iam sem problema ao cinema assistir Thor, o deus nórdico do trovão, mas achavam que Xangô, o deus africano do trovão, era do mal. Pois bem, esse meu amigo foi execrado e, como ainda é seminarista, corre o risco de não ser ordenado pastor.

Contudo, o samaritano da história decidiu parar e socorrer aquele homem. Ele não teve medo de uma emboscada, ele não se perguntou se aquele homem era digno ou não de socorro. Em seu coração não havia medo ou julgamento. E ele se jogou de corpo e alma, não foi uma ajuda "burocrática": ele tratou das feridas do sujeito, cuidou do seu transporte, arranjou-lhe hospedagem e pagou por tudo. É curioso quando só queremos ajudar de longe. É quase como um alívio de consciência.

E, por fim, apesar do medo, o samaritano agiu com coragem. Cabe dizer que coragem não é não sentir medo, mas agir apesar dele. A pergunta do samaritano não foi "O que vai acontecer comigo se eu o ajudar?", mas sim "O que vai acontecer se eu não o ajudar?".* O que vai continuar acontecendo com os pobres, os negros, as mulheres, os LGBTs, os indígenas, os refugiados, os moradores de rua, os sem-terra, os sem-teto, os quilombolas e tantos outros grupos deixados na beira do caminho se eu for mais um indivíduo em silêncio, priorizando minha comodidade, meus privilégios e, por que não dizer, minha segurança pessoal?

A história que Jesus contou nos abre para a espiritualidade dos encontros, do envolvimento, do risco de sair de si para o outro. E, de onde menos esperamos, pode vir a expressão do amor. Jesus implode a tentativa, tão vã e fadada ao fracasso, de conter Deus numa experiência única. Cabe aos cristãos refletir: e se nessa história o samaritano fosse uma travesti, um muçulmano, uma mãe de santo, um ateu, e você fosse o homem em apuros? Cabe a cada um de nós se fazer amigo e amiga de toda a humanidade.

Interpretando esse texto do ponto de vista das injustiças econômicas e dos preconceitos culturais, podemos dizer que, mais do que ações pontuais generosas, são necessárias ações estruturais que promovam plena justiça. Quem tem fome tem pressa, eu sei, mas é também preciso lutar por distribuição de renda. Ser solidário com uma mulher vítima de violência é urgente, mas precisamos desmontar todo o sistema cultural machista que estimula e naturaliza essa violência. Nós, homens, precisamos de uma mudança radical de entendimento e de atitude. As atitudes cotidianas são essenciais porque concretizam nosso amor, mas é fundamental que as estradas sejam mais belas e bem cuidadas, pois se continuarem perigosas teremos mais pessoas espancadas à beira do caminho.

* Aqui me inspiro no livro de 1963 *Força para amar*, de Martin Luther King.

O medo não é bom conselheiro

"Se você não tem dinheiro, é porque não trabalhou ou se esforçou o suficiente". Já ouviram essa frase? Nessa ideia tão disseminada entre nós, a desigualdade não é vista como fruto de injustiças, mas como resultado do empenho individual de cada um. Essa perspectiva cria um ambiente de competição permanente e, pior, há um brutal processo de maquinização da vida. Charles Chaplin, já nos anos 1930, de alguma forma percebeu como esse modelo nos robotizava, anestesiava e roubava nossas funções criativas. No filme *Tempos modernos* (1936), ele satiriza a sociedade industrial que torna o trabalho repetitivo e esvaziado de sentido. Hoje as cidades parecem cada vez mais cheias, todos se esbarrando na corrida pela sobrevivência sem refletir sobre isso.

Há algo que sempre me chamou muito a atenção: as pessoas passam a maior parte da vida trabalhando e a maioria não faz aquilo que, teoricamente, expressaria sua potencialidade e singularidade. É evidente que o trabalho é uma necessidade, o problema não é esse. A questão é o processo de alienação imposto por esse modelo de trabalho. Vejam como os finais de semana são ansiosamente esperados. Nas sextas-feiras, as cidades ficam mais leves, as pessoas sorriem mais. Isso para quem não trabalha no final de semana e para quem está dentro da faixa social que pode sair para se divertir nesses dois dias, evidentemente. Para quem está com fome, não tem casa e vive na miséria, isso não tem a menor importância. Segunda-feira de manhã a cidade está cinza, pesada, chata. Já se deram conta de que a maior parte das pessoas passa toda a semana esperando uma folga para aproveitar a vida? Tem algo nesse modelo que não parece razoável, mas que é chamado de progresso, êxito e desenvolvimento.

Todo modelo de sociedade conhecido até hoje apresenta suas injustiças e dispositivos disparadores do ódio. Contudo, percebo que o modelo capitalista leva o ser humano, de forma mais aguda, ao isolamento profundo, à perda de vínculos comunitários. Na sociabilidade mediada pelo mercado, desaprendemos a arte do convívio, e as diferenças tendem a despertar mais rapidamente o ódio. Quanto menos acreditamos na humanidade e na comunhão, mais o ódio ganha espaço.

Pensem na tão comentada segurança pública, que, na verdade, pode ser um dispositivo de acirramento de conflitos e de promoção de violência. O Estado se utiliza de mecanismos punitivos e do encarceramento em massa para eliminar os indesejáveis, os sobrantes de uma sociedade de cidadania seletiva. Especialmente nos países mais desiguais, a criminalização da pobreza como estratégia de gestão social é evidente. Verifica-se também a espetacularização da violência. Assim, em nome da ordem e da segurança, legitimam-se ações de violência contra aqueles que, em tese, subvertem a ordem pública. No Brasil, há um massacre operado pelo Estado, ou conivente com ele, contra as populações pobres e negras. A violência que vivemos não pode ser encarada como uma falha no sistema, mas, ao contrário, ela é justamente o sistema em seu perfeito funcionamento.

A segurança pública, da forma que é concebida e operada, se tornou um potencializador de dispositivos de ódio. Alguém fala da violência da concentração de renda, do latifúndio, da manutenção de privilégios, do racismo estrutural, da desigualdade no acesso aos bens básicos, da política de drogas que prende e mata os pobres? Por que essas realidades trágicas e sistêmicas não aparecem como violentas? Pouco se pergunta sobre a violência estrutural da nossa sociedade. Essa percepção não é para justificar ou romantizar atos de violência, mas para chamar a atenção para o absurdo de se tentar promover a paz sem o combate à desigualdade e aos privilégios. A violência estrutural é o método do Estado para manter uma sociedade desigual, injusta e violenta, mas que recebe o nome de "pacificação".

A licença para entrar numa favela atirando ou para esculachar os negros vem da amplificação do medo e da construção da imagem do estranho, do inimigo. Mais uma vez, o medo aparece como pano de fundo. No limite, o medo é o que garante a licença para matar aquele que é considerado inimigo. E assim se fecha o ciclo de morte, tão evidente em nosso país.

O medo não é um bom conselheiro no momento de se pensar a sociedade e os dilemas relacionados à violência. O medo é imediato, quase instintivo, reativo. Evidentemente é legítimo, mas não deve ser a base para se produzir uma sociedade mais segura para todas as pessoas. Diante do medo aparecem respostas simples para problemas complexos. Essas respostas, via de regra, se mostram equivocadas e ineficientes. É possível perceber em nosso país um clamor cada vez maior por armas, punição e encarceramento. Propostas como armamento da população, prisão perpétua e pena de morte se tornam cada vez mais frequentes. Expressões como "bandido bom é bandido morto" e "fazer justiça com as próprias mãos" ganham mais e mais força. Trata-se da crença na punição, na vingança e na própria violência como caminhos para a segurança pessoal. Dessa forma, cria-se uma sociedade mais violenta, com menos capacidade de mediação de conflitos, maior vigilância dos comportamentos e militarização dos espaços, restrição de liberdades e multiplicação do ódio.

Quando fui vereador na cidade de Niterói, participei de acalorados debates na Câmara Municipal sobre esse assunto. Alguns vereadores defendiam o uso indiscriminado da violência contra os "marginais". Diziam abertamente que a polícia tinha de matar mesmo. A morte, então, passa a ser algo desejável e — pasmem — digno de comemoração. Em nome da paz se promovem carnificinas que apenas aumentam a letalidade do Estado, o índice de homicídios, a violência policial, a morte de policiais, o genocídio da população pobre, negra, o encarceramento. Violência gera violência. Um tiroteio, por exemplo, não é um acontecimento isolado, é fruto da lógica da segurança pública do próprio Estado.

Certa vez, ainda na condição de vereador, ouvi de um grupo de um bairro de classe média alta que gostaria de distribuir apitos para os moradores e câmeras pelas ruas para aumentar a segurança. Sempre que um "elemento" estranho passasse, os moradores poderiam ir para a janela de casa e apitar. A ideia era, com o tempo, afastar e constranger as potenciais ameaças. A primeira pergunta que me veio à mente foi: quem é o elemento estranho? Ou então: como se define quem é estranho?

O medo precisa ser respeitado, e casos de violência existem, causam sofrimento e não devem ser romantizados, não digo nada contra isso. A questão é que deveríamos buscar a paz *por meio* da paz. É muito comum, quando falo sobre esse assunto, as pessoas me perguntarem: "Mas e se acontecer com você? E se estuprarem sua esposa? E se o fizerem na sua frente? E se matarem sua filha?". É evidente que tenho medo e não quero que nenhum mal aconteça comigo ou com as pessoas que eu amo. É evidente que qualquer uma dessas situações me levaria ao desespero. Mas uma coisa é o sentimento pessoal, sempre legítimo, outra é a maneira como a sociedade cria mecanismos para lidar com condutas perversas. Há uma violência estrutural nessa atitude que não é percebida. Sou discípulo de Jesus, e ele quebrou a lógica do olho por olho e do dente por dente porque viu o caráter absolutamente caótico e violento dessa formulação para o convívio social.

O prognóstico, se continuarmos nesse ciclo de medo, punição e violência, é temeroso. A imagem do inimigo é algo construído, nem sempre é justa. Não podemos esquecer que em nome da ordem e da segurança nacional se instituiu no Brasil em 1964 uma ditadura militar. Para proteger o "cidadão de bem" se licenciaram a tortura, a prisão arbitrária, a execução sumária, numa espécie de higienização da sociedade. É sob o paradigma do combate ao tráfico de drogas ilícitas que o Estado, por exemplo, entra na favela atirando arbitrariamente. Nem preciso dizer que os grandes financiadores do comércio ilegal de drogas estão soltos e lucrando diante desse genocídio. E não acho adequado falar em poder paralelo ao Estado, porque em geral o crime organizado se estrutura dentro do Estado ou em conivência com ele. Não estamos falando de números, mas de pessoas, histórias e famílias. Fica a pergunta deixada por Marielle Franco: quantos jovens ainda vão morrer até essa guerra acabar?

Trabalhei durante um ano e meio na Comissão de Direitos Humanos da Assembleia Legislativa do Estado do Rio de Janeiro (Alerj). Ali vi inúmeros casos que me marcaram para sempre. Lembro-me de um homem que chegou com o braço engessado e contou a seguinte história: ele estava em seu trabalho quando recebeu a ligação de um vizinho pedindo que ele voltasse para casa o mais rápido possível. Ele morava na favela da Mangueira, no Rio de Janeiro, e, nervoso, logo quis saber a razão da pressa. Soube então que a esposa havia sido baleada num confronto entre policiais e traficantes quando foi socorrer a mãe, que estava na varanda da casa na hora do tiroteio, e também estava ferida. As duas não resistiram e morreram sem sequer chegar ao hospital. Desesperado, o homem socou a parede e fraturou o braço. Mas quem se importa? Quem vai ouvir esse grito e tantos outros? Infelizmente essa não é uma história rara, e devemos entender de uma vez por todas que armas são feitas para matar.

O modo como construímos a imagem do inimigo molda o tipo de licença que damos ao extermínio. Numa matéria do jornal O Globo, podemos perceber uma abordagem reveladora sobre um tiroteio ocorrido no complexo do Cantagalo e Pavão Pavãozinho, entre Copacabana e Ipanema, área nobre do Rio de Janeiro. Depois da manchete, "Madrugada em claro ao som de tiros e explosões", vinha logo a chamada: "Vizinhos dos morros não conseguem dormir e, ao amanhecer, ficam com medo de sair à rua".[1] O início do artigo informa que "a madrugada de ontem foi assustadora" para os moradores dos arredores do morro do Cantagalo e do Pavão Pavãozinho. Vocês repararam na construção do texto? O tiroteio foi na favela, mas toda a abordagem estava focada nos vizinhos. Ora, se os vizinhos tiveram medo e não conseguiram dormir, imaginem os moradores do local! Não estou dizendo que não se pode dar voz ao medo dos vizinhos, pois esse medo tem sua legitimidade. O problema está na desconsideração completa daqueles que moram na favela e sem dúvida sofrem mais riscos. Isso acontece justamente devido a esse imaginário que elege quem vale mais e quem vale menos, quem é previamente suspeito ou culpado. Todas as pessoas entrevistadas para a matéria são moradoras das ruas de Ipanema, nenhuma voz é dada ao morador da comunidade (e não acredito que isso tenha se dado assim para preservar essas pessoas, sempre existe o recurso do anonimato para que pudessem falar).

Em outra matéria de O Globo essa mesma lógica se repetiu.[2] Em "Banhistas são surpreendidos por menores que saem drogados de buraco no calçadão", o jornal conta que às 9h30 da manhã, quando banhistas lotavam a praia de Ipanema aproveitando o domingo de sol, "o cenário é alterado por uma cena inesperada". "Menores de rua drogados saem de dentro de um bueiro de cerca de cinquenta centímetros de diâmetro, num trecho do calçadão bem próximo à areia." Era um grupo de seis crianças que usava o bueiro como atalho para chegar a uma galeria de águas pluviais em frente à rua onde moravam. É impressionante, mas a parte trágica da história não seria o fato de crianças viverem em condições absolutamente miseráveis, e não o fato de terem dado um susto nos banhistas ao saírem do bueiro? Parecem ratos ou baratas sujando o cenário de um dos lugares mais caros e elitizados da cidade do Rio de Janeiro.

O texto é construído para ativar o sentimento do medo. As crianças são chamadas de "menores", numa tentativa de subtrair sua humanidade, e apenas no final da reportagem se afirma que a prefeitura, avisada do problema, mandaria uma equipe de assistentes sociais ao local. Cadê as famílias dessas crianças? Por que não estão na escola? Será que estão bem alimentadas? Desenvolveram algum tipo de dependência química? Definitivamente o texto não responde a essas questões. O fato é que somos bombardeados com notícias desse tipo o tempo todo. Elas criam uma lógica do medo, da necessidade de punição e de limpeza do cenário urbano. Infelizmente, aquelas crianças já não são vistas como crianças, entram na categoria do "pivete", do "favelado" e de outros termos feitos para inferiorizar e justificar a não preocupação com suas vidas.

E o que dizer de alguns cantos de preparação de policiais do Bope (Batalhão de Operações Especiais da Polícia Militar do Estado do Rio de Janeiro)? Primeiro exemplo: "O interrogatório é muito fácil de fazer, pega o favelado e dá porrada até doer. O interrogatório é muito fácil de acabar, pega o bandido e dá porrada até matar". Qual a lógica desse canto? Primeiro associa morador de favela a bandido. Depois naturaliza a tortura e o extermínio. Outro exemplo: "Esse sangue é muito bom, já provei não tem perigo. É melhor do que café, é o sangue do inimigo".

Trata-se de exaltação deliberada da violência, com traços de sadismo, de prazer na morte do outro. O tempo todo usam a palavra "inimigo", revelando abertamente o teor de guerra e a permissão para matar sumariamente. Em outro grito de guerra, dizem: "Bandido favelado não se varre com vassoura, se varre com granada, com fuzil, metralhadora". Mais uma vez há a associação de "crime" com "favela". Mais um exemplo: "Derrama Senhor, derrama Senhor, derrama sobre o Bope o seu amor". Esse é sutil, mas no meio de cantos bélicos, da produção do imaginário do inimigo, do estímulo à violência e à letalidade, entra ainda o recurso religioso, como se houvesse uma missão dada por Deus para limpar a sociedade dos elementos do mal.

A questão vai muito além da formação dos policiais, está no caráter estruturalmente violento e racista do Estado brasileiro e da própria instituição da polícia. Historicamente, a polícia está mais ligada à proteção da propriedade do que da vida. Não cabe aprofundar esse tema neste livro, mas vale ressaltar que a questão não se resume à índole ou ao caráter dos policiais, e sim a toda a engenharia de segurança pública. Na verdade, os policiais também são vítimas dessa lógica perversa e multiplicadora do ódio.

Contudo, a natureza estrutural da violência pune especialmente pobres e negros. O mandado de busca e apreensão genérico ou coletivo, instrumento usado para dar respaldo jurídico à ação da polícia nas favelas, é um exemplo de como existe no Brasil uma espécie de gestão penal da miséria, ou de criminalização da pobreza. O nosso país não ataca a pobreza dividindo a renda, gerando empregos, aumentando salários, ampliando o acesso a direitos, combatendo o privilégio das elites, mas sim prendendo e matando pobres. No cotidiano das operações policiais em comunidades, o mandado de busca e apreensão coletivo dispensa a individualização, o que contraria totalmente as garantias constitucionais do cidadão brasileiro. Na prática, significa dizer que a polícia tem permissão para entrar em qualquer casa de forma arbitrária. Se isso já acontecia sem esse instrumento legal, imaginem depois dele. Mais alarmante é a justificativa utilizada pelo juiz Alexandre Abrahão Dias Teixeira para a emissão do primeiro mandado desse tipo, que permitia a busca domiciliar em todas as casas de uma comunidade e com fundamento em denúncias anônimas. Vale reproduzir com todas as letras:

> Frise-se, por derradeiro, que a medida excepcional está calcada em diversas denúncias semelhantes, provavelmente endereçadas por cidadãos humildes e honestos da comunidade local que, certamente indignados com os desmandos de Elias Maluco e sua gangue, bem como o triste envolvimento de parcela de policiais corruptos com estes elementos espúrios, busca o único meio de reagir à impunidade crescente neste país; ou seja, denunciar às escuras. Destarte, este grito de socorro e justiça promovido pelo povo deve ser atendido com urgência e rigor, não só pelos policiais honestos, mas também e, principalmente, pelo poder Judiciário, que ciente e consciente das dificuldades investigatórias dos incorruptíveis poli-

ciais e da fragilidade dos cidadãos que se aventuram em denunciar o *lixo genético* que lhes amedronta, cala e mata, não pode simplesmente encastelar-se de forma alienada para discutir meras filigranas jurídicas.[3]

O que mais me chamou a atenção, e acredito que não possa ser tratado como mero detalhe, foi o uso da expressão "lixo genético". É grave, pois remonta a uma perspectiva de que há indivíduos selecionados geneticamente para o crime. Uma visão que respaldou, por exemplo, todo o ciclo de horrores da Alemanha nazista. Lixo genético é o cúmulo da desumanização. O mais assustador é perceber que o uso do termo é a real expressão de uma mentalidade que rege as principais instituições brasileiras, caso do Poder Judiciário. Insisto que não se trata de romantizar atos de violência ou achar que o comércio varejista de drogas ilícitas nas favelas é heroico, mas a questão é muito mais complexa e estrutural. Os grandes agentes e financiadores desse comércio não estão nas favelas, mas em todo o aparato do Estado. Portanto, o resultado dessa política tem sido a morte de milhares de pessoas e a ampliação da violência, sem que a demanda pelo uso dessas substâncias diminua. Aliás, parece-me que a legalização de todas as drogas, tratando-as como questão de saúde, educação e assistência, e não como questão de segurança, tende a ser um caminho muito mais razoável. No entanto, o que enfatizo aqui é o mecanismo de produção do inimigo e autorização da violência, inclusive em termos institucionais e de suposta legalidade.

Ainda sobre esse tema, lembro-me de como se deu a morte de Márcio José Sabino, traficante conhecido como Matemático. Em uma operação noturna, policiais civis atiraram do helicóptero em que estavam na tentativa de atingir o traficante, que estava em fuga. Dessa maneira, colocaram em risco a vida dos moradores da favela da Coreia, em Senador Camará, zona oeste do Rio de Janeiro. Essa situação foi questionada por diversos setores da sociedade, inclusive pelo próprio Ministério Público. E fica uma pergunta: se o carro do Matemático estivesse em uma rua de elite do Rio de Janeiro, o procedimento seria o mesmo?

O juiz Alexandre Abrahão Dias Teixeira arquivou o inquérito que apurava essa ação policial, e o mais curioso foi a sentença. Na parte final do texto, diz ele, se referindo à polícia:

> Vocês continuam sendo, tal como inúmeros outros, nossa esperança de resgate da cidadania. Nosso sonho de caminhar livres e faceiros com nossos filhos pelas vias da nossa ex-Cidade Maravilhosa. Amanhã e todos os dias gostaríamos de acordar e saber que poderemos subir nos coletivos, trafegar nos nossos veículos, desfrutar nossas praias, almoçar, jantar e curtir todos os espaços sempre com a certeza que, acima de nós, Deus e seus anjos negros, nas suas máquinas voadoras, lá estão prontos para nos deixar viver. Nós precisamos de vocês! Pagamos, ricos ou pobres, independente de raça, cor e credo, nossos impostos e temos direitos. Amamos vocês! Somos a parcela amordaçada e leal a vocês! Vão lá e façam diferença, estamos gritando por vocês! Amém! Por todo o exposto e por estar convicto de que a ação dos investigados não constitui crime, DETERMINO O ARQUIVAMENTO com base no Art. 395, III do CPP. Dê-se baixa imediatamente e arquive-se encaminhando-se cópia da presente decisão à Chefia de Polícia Civil do Estado do Rio de Janeiro, a qual deverá fazer constar elogio deste juízo nas folhas funcionais dos investigados, objetivando amenizar os graves danos já causados aos mesmos. Determino, ainda, como forma de minorar o vexame público dos agentes, que o sr. chefe da polícia publique no boletim interno da sua briosa Corporação Policial a presente decisão.[4]

Em minha interpretação, essa sentença mostra como o exercício da cidadania passou a ser algo muito próximo do confronto e do exercício da violência, nada tendo a ver com acesso à justiça social e à alimentação, garantia de direitos básicos, redução de desigualdades. É na bala que se constrói cidadania. Mais uma vez cria-se um "monstro", um elemento perverso que deve ser morto para a pacificação da sociedade. E ainda vemos referências religiosas explícitas, como se Deus usasse os helicópteros da polícia como anjos voadores para eliminação dos inimigos. Exalta-se a ação da polícia com expressões como "amamos vocês", "gritamos por vocês". Consolida-se a visão do "nós" em contraponto aos "outros", os cidadãos de bem de um lado e os do mal do outro. Estimula-se uma lógica de guerra, em nome da ordem e da paz. E qual o resultado dessa lógica ao longo da história? A ampliação da violência, do medo e do ódio.

Esses exemplos apenas apontam a dimensão estrutural da violência, a criminalização da pobreza, a gestão penal da miséria, o racismo do Estado, o genocídio promovido em nome da ordem e a não percepção dessa ordem como o que de mais violento existe. Fico com as palavras de Marcelo Yuka: "A minha alma tá armada e apontada para a cara do sossego, pois paz sem voz não é paz, é medo". Fico com a perspectiva da sabedoria bíblica e da intuição de Jesus de Nazaré: a paz é filha da justiça, e justiça não é vingança, mas a construção de uma sociedade que supera privilégios, distribui renda, oferece a todas as pessoas a possibilidade de viver com dignidade. Precisamos de mudanças estruturais dentro do nosso coração. Enquanto houver corpos selecionados para morrer, territórios onde se pode matar sumariamente, a violência perdurará. A tarefa é grande, mas não temos outra opção. É pela paz!

O racismo é o chão da história do Brasil

Costumo dizer que o racismo é o chão da história do Brasil. Ele está na origem de nossa formação e atravessa os governos, as políticas públicas, as instituições, a mídia, as relações sociais, a lógica da segurança pública, o currículo escolar, os códigos culturais e os acontecimentos cotidianos mais simples. É algo profundamente entranhado e até hoje compõe o nosso imaginário social, influenciando comportamentos e ações. Não se trata de uma questão de foro individual, de índole ou caráter (ao menos não exclusivamente), mas de algo que está nos registros culturais de nosso país.

Não é verdade que o Brasil é o país da pluralidade e que todos os povos aqui vivem em harmonia. Afirmar que a ideia de raça não existe e que, por essa razão, não pode haver racismo também não é coerente com os fatos históricos. Há também os que afirmam que o povo negro se faz de vítima e, portanto, cria divisões. Isso tem a ver com ignorância, desconhecimento histórico, além de ser mais um reflexo do racismo.

Proponho que reflitamos, juntos, com abertura de mente e disposição de coração a fim de compreender o tamanho dessa ferida e o quanto esse sangue ainda jorra diante dos nossos olhos. Só precisamos aprender a enxergar.

Uso óculos desde os cinco anos. Nem consigo me lembrar de como era quando não os usava, pois são praticamente uma parte do meu corpo. Apesar disso, apresento uma cena clássica da minha vida: eu procurando meus óculos para descobrir, na maior parte das vezes, que estão no meu rosto. Podem acreditar. O fato é que, mesmo que eu não fique me lembrando disso, o tempo todo olho para as pessoas por meio dessas lentes. Entre os meus olhos e o que vejo, há sempre meus óculos.

Menciono esse exemplo para dimensionar uma das possíveis definições de cultura — um conjunto de símbolos e valores através dos quais enxergamos o mundo e passamos a conhecê-lo. Somos seres culturais e, por meio das relações que estabelecemos ao longo das nossas vidas, interiorizamos aspectos da sociedade que passam a influenciar nossa forma de ver e agir no mundo. Com isso não quero dizer que somos determinados pela cultura, mas que somos influenciados por ela. Nós nos construímos como sujeitos a partir das características políticas, econômicas e culturais da sociedade e do tempo histórico nos quais estamos inseridos. Ninguém se faz do nada, nós nos construímos nesse constante diálogo e interação com o contexto em que vivemos.

Desde crianças recebemos lentes através das quais passamos a olhar o mundo, dar nome e significado a tudo que nos cerca. Então, se nossa sociedade oferece lentes racistas, elas podem estimular sensações, produzir opiniões e influenciar comportamentos racistas sem que necessariamente as pessoas se deem conta disso.

Mas, afinal, o que é racismo? Sabemos que tratar a questão do ponto de vista biológico não faz sentido, mas isso não encerra o assunto. O conceito de raça foi construído e historicamente utilizado para criar uma hierarquia entre os seres humanos, gerando uma espécie de escala que vai do superior ao inferior. Esse conceito ganhou força no imaginário europeu e, via de regra, se referia ao continente africano e ao povo negro como o menos avançado na hierarquia racial. Isso gerou a discriminação pela raça, e essa ideia esteve na base de sistemas opressores, práticas impiedosas, massacres, extermínios e verdadeiras tragédias humanas.

No contexto da expansão marítima europeia, do domínio sobre o Atlântico e da colonização das Américas, milhões de negros foram sequestrados da África e tratados como objetos, "coisas", instrumentos de trabalho, mercadorias e fonte de lucro. A humanidade do negro não era sequer reconhecida, ao contrário. Pensem na aterrorizante viagem num navio negreiro, um sofrimento difícil de colocar em palavras. Vocês conseguem fechar os olhos e, ao menos, imaginar? Não será nada próximo do que de fato aconteceu, não chegará nem perto do real sofrimento que eles passaram, mas é importante tentar ver além de conceitos ou frases que vocês já leram em livros. Tentem sintonizar a mente ao coração e visualizem tão somente pessoas, com seus corpos, histórias, memórias, afetos, sentimentos e paixões. Simples assim: crianças, jovens, adultos, idosos, amigos, casais, pais com seus filhos, primos... Tentem imaginar o peso da escravidão caindo sobre todos eles: a ausência de liberdade, a ameaça do chicote, o distanciamento da sua terra natal e de sua família. Coloquem-se no lugar deles. Essas pessoas desembarcaram no Brasil e foram imediatamente separadas de seus familiares e conhecidos para, na sequência, serem exibidas num mercado como peças de carne. Lá estavam, expostas aos olhares de possíveis compradores que se tornariam seus algozes, seus proprietários. Seres humanos submetidos pelo poder das armas, do dinheiro, do aparato sociojurídico, da ciência e do sistema cultural.

Essa imagem me traz uma sensação asfixiante e me liga diretamente à existência e à resistência daquelas pessoas, meus irmãos e irmãs. Não é preciso ser negro para compreender ou se sensibilizar com essa situação. Na maioria das vezes, aquelas pessoas eram levadas para fazendas e submetidas a um regime de trabalho exaustivo e degradante. E a violência sexual contra as mulheres negras? E a proibição de praticarem seus cultos e manifestarem suas crenças? E o medo permanente de serem alvos de castigo físico ou de uma violência fatal? Essa não foi uma realidade pontual ou casual, mas estrutural, sistêmica... e extremamente lucrativa do ponto de vista econômico.

Estamos falando de milhões de seres humanos que viveram sob o jugo da escravidão e que construíram, com o suor de seus corpos, as riquezas deste país. Numa das bases dessa lógica, havia o interesse econômico de explorar ao máximo aqueles homens e mulheres com o menor custo possível. A escravidão, que estruturou a economia do Brasil colonial e depois imperial, era rentável. Não era exceção, mas regra; não era alheia ao sistema, mas parte constitutiva e central dele. Não era incomum, mas vista com naturalidade. Há uma forte relação entre projeto colonizador, interesse econômico das elites e racismo. São facetas da mesma lógica. O colonialismo europeu teve como uma de suas bases o racismo.

Assim, o conceito de raça foi utilizado para caracterizar parte dos seres humanos como estranhos, exóticos, animalescos, desviados e perigosos. Ele toma um grupo como inferior para então negar-lhe direitos e naturalizar a sua exploração e extermínio. O conceito está sempre associado a uma ideia de humanidade subalterna, incapaz de viver por si mesma.

Criou-se uma espécie de licença para se forjar a identidade do negro, sem nenhum compromisso com a realidade ou com sua história. Ele deixa de existir como tal para ser inventado por quem o olha e julga. Já que se podia dizer o que se queria, e o que era dito era considerado o certo, as tradições e as características do povo negro foram reinventadas. A despeito de toda a sua rica cultura, passaram a ser vistos como bárbaros, descrentes, promíscuos e fonte de toda sorte de imoralidade. Eis o segredo do racismo: ele é fruto dessa autorização para inventar o outro, elaborando sua inferioridade, licenciando seu extermínio ou adestramento e impedindo seu direito de fala autônoma.

O racismo necessariamente impõe o silêncio. Para que a imagem do negro possa ser reconstruída a partir do imaginário eurocêntrico, retira-se dele a voz. Assim, ele permanece enclausurado nos limites da imaginação europeia. Não fala por si, não se apresenta: é definido pelo olhar do outro, que se considera superior. Será que vocês já conseguem perceber a atualidade do racismo? Perguntem-se se nossos ambientes sociais não geram uma espécie de não lugar para o povo negro. Quando se pensa num criminoso, a imagem que se forma em sua mente não tem uma cor? Seria a cor preta? Verifiquem que lentes estão na mediação e na produção de significados do seu mundo. Não se trata de culpa, mas de reflexão profunda, sincera e corajosa.

A escravidão, portanto, foi por muito tempo encarada como algo normal, até mesmo uma necessidade civilizatória, um ato de benevolência. Esse mecanismo não está só no passado. Até hoje, muitas atitudes racistas aparecem como atos de bondade e concessão. Lembro-me de um senhor que se referia aos seus empregados como serviçais. Certa vez ele pediu que um deles fosse buscar uns cocos. Quando o funcionário (negro) entrava na casa para entregar os cocos, foi prontamente advertido. O senhor pediu que ele desse a volta, fosse até a porta da cozinha e, de lá, fizesse a entrega. Convivi poucos dias com aquele homem, mas pude perceber o quanto ele se sentia benevolente com seus funcionários, afirmando que cada um fazia o que era capaz de fazer. Vez ou outra ainda reclamava: "Não se fazem mais serviçais como antigamente". Seria essa uma história rara em nossos dias?

O racismo permeia o olhar e, assim, práticas perversas são naturalizadas ou estimuladas. Primeiro se desumaniza a forma de ver para depois se liberar a consciência para estigmatizar, a linguagem para difamar e as mãos para bater ou perversamente "acariciar". Portanto, podemos falar de racismo epistêmico, ou seja, aquele que existe no modo como conhecemos o mundo. Nessa lógica, o negro seria incapaz de controlar seus instintos, acessar a razão, comportar-se moralmente ou trabalhar intelectualmente, e, se deixado por si mesmo, caminhará inevitavelmente para a degradação.

Outra característica do racismo é o reconhecimento pela dessemelhança. O negro é visto a partir da diferença, tão somente. Isso significa que não se reconhecem pontos comuns. O negro é alguém que, de tão diferente, chega a ser grotesco.

Certo dia eu caminhava pelo centro do Rio com um grande amigo. Nós dois negros, ele com a pele mais escura do que a minha e um longo cabelo rastafári. Passou um ônibus com turistas estrangeiros que começaram a acenar para nós com um ar de riso, surpresa e estranhamento. Não houve nenhum ato agressivo, e não me dei conta na hora do que estava acontecendo. Então meu amigo me olhou e disse: "Meu irmão, viramos atração". Era o olhar do exotismo, e isso estava evidentemente ligado à nossa cor.

Na época do Carnaval, o Rio de Janeiro se enche de turistas de todo Brasil e do mundo. Já vi várias vezes amigos meus negros, especialmente mulheres, sendo procurados para tirar fotos.

Em um restaurante da Lapa, uma vez, turistas saíram de suas mesas e foram até onde estávamos eu, minha companheira e um casal de amigos negros, com pele mais escura do que a minha. Então interromperam nossa conversa e pediram para tirar fotos com o casal de amigos como lembrança da cidade. Prontamente, com toda a educação e firmeza, eles disseram que não. Abordagens como essas, mesmo que não sejam agressivas ou ameaçadoras, podem demonstrar conteúdo racista.

Isso acontece porque o racismo é complexo. As lentes racistas fazem com que a relação com o negro seja mediada pela diferença. "É tão diferente de mim que me torno indiferente a ele" — essa talvez seja uma formulação que aponte o caráter mais entranhado do racismo. Nesse caso, diferença e indiferença caminham lado a lado. O Brasil é fruto e parte disso. O conceito de raça existiu e existe como sistema cultural, poder político, projeto de sociedade e imaginário coletivo e individual. Os efeitos estão diante de nós, por vezes tão perto que não conseguimos enxergar.

Se sob essa perspectiva racista o negro foi inventado, o branco também o foi. Daí se falar em "branquitude" como expressão de superioridade, domínio, poder, privilégio e status. É algo que vai além da cor da pele, é um registro cultural que precifica o ser humano. É isso mesmo que vocês estão lendo, pois se trata de classificar o ser humano em categorias de mercado, indicando, dessa forma, seu tipo e seu valor. Falando assim, o racismo soa deplorável, não é? Afinal de contas, "como assim, colocar preço em ser humano?". Sub-humanos? Mas quero que vocês reflitam. O problema não é criado porque é dito, dizê-lo é na verdade o primeiro passo para superá-lo. Por vezes, a realidade é tão desumana que criamos mecanismos de proteção para não nos darmos conta dela. Um fingimento crônico, de tão repetido, vira verdade?

Desse jeito só solucionamos um problema da consciência (ainda que por alienação).

Vocês podem concordar comigo que essa realidade é trágica, mas argumentar que se trata de algo do passado. Afinal, a escravidão foi oficialmente abolida em 1888. Contudo, do ponto de vista histórico, é muito recente. Durante a maior parte da história do nosso país, o povo negro foi submetido à escravidão. São quase 350 anos de regime escravocrata, mais ainda se considerarmos que a escravidão não terminou de fato em 1888. Os anos posteriores à Lei Áurea deixaram ainda mais evidentes a gravidade e a presença do racismo no Brasil.

No esforço de se criar uma memória e uma identidade nacionais, no contexto do governo de d. Pedro II e do início da República, a tradição afro-brasileira foi simplesmente apagada. Se a tradição indígena foi resgatada sob o signo da idealização, não se fazendo referência ao massacre desses povos e à usurpação de suas terras, o negro foi completamente retirado do imaginário. As religiões de matriz africana e toda espiritualidade relacionada à África passaram a ser alvo de perseguições jurídicas e policiais. A escravidão havia acabado, mas os registros culturais racistas permaneceram inalterados e continuaram sendo reproduzidos.

Por essa razão, existe uma relação profunda entre desigualdade social e racial no Brasil. O povo negro foi submetido a anos de escravidão e depois lançado à própria sorte, sem políticas de inserção e valorização social. Ser negro, nesse ideário, significa ser suspeito ou culpado até que se prove o contrário. O negro tem de provar o tempo inteiro que é bom, tem de justificar sua presença em determinados espaços, tem de convencer que não deseja fazer mal a ninguém. E essas lentes ainda não foram plenamente retiradas dos códigos culturais brasileiros. Basta ver a pouca presença de negros nas instâncias de poder e decisão, como o Congresso Nacional, as assembleias legislativas, câmaras municipais, diretorias de empresas e bancos. Quantos juízes negros vocês conhecem? Há quantos deles no Supremo Tribunal Federal, por exemplo? Jogadores de futebol negros conhecemos um monte! Mas e treinadores? E presidentes dos clubes? E a representação negra nos grandes meios de comunicação? Quantos apresentadores de jornal ou protagonistas de novelas e séries existem? Porque a maioria da população brasileira não se faz representar nos espaços de poder e decisão? Qual a cor da maior parte dos detentos de nosso sistema carcerário? E nas escolas públicas e particulares, em qual delas há maioria negra?

Se consideramos que a cada 23 minutos um jovem negro é assassinado no Brasil,[1] não é coerente afirmar que está em curso um verdadeiro genocídio da população negra, especialmente de jovens e moradores de favelas? Por que tamanha realidade não ganha status de absurdo? Por que esse massacre parece inevitável e aceitável? Ou por que tantas vezes é até mesmo estimulado? Será que a mesma quantidade de drogas apreendida no bolso de um garoto branco na Vieira Souto, rua elitizada do Rio de Janeiro, e no bolso de um garoto negro na favela vai ser tratada de igual forma pela polícia, pela Justiça, pelo Ministério Público, por vocês? Para além do aspecto geográfico, e se o garoto negro fosse flagrado na Vieira Souto, será que a abordagem seria diferente? Por que o encarecimento do preço dos ingressos nos jogos de futebol tem deixado as torcidas cada vez mais brancas? Coincidência? Por que a maioria absoluta de torcedores brasileiros que foram à Rússia assistir à Copa de 2018 é composta de brancos? Por que a expressão "amanhã é dia de branco" faz referência a um dia de trabalho? O que quer dizer a frase "negro de alma branca"? Por que se diz "a coisa está preta" quando algo ruim acontece? Enfim, acho que já deu para perceber o quanto é perverso o racismo brasileiro.

Eu tive que me descobrir negro, e essa percepção não veio com naturalidade. Meu pai é negro, filho de pais nordestinos, de Alagoas. Minha mãe é branca e sua ascendência, por parte de pai, é suíça. Como muitos brasileiros, sou fruto desse encontro. A coloração da minha pele não é a mais escura, e facilmente passei a me identificar como moreno. Mas é preciso buscar na minha infância a origem dessa autoidentificação.

Cresci na zona norte de Niterói, num bairro popular, o Fonseca. Boa parte da minha infância foi na casa da minha avó materna, Ruth. Meu pai, minha mãe, meus irmãos mais velhos (Guilherme e Marcelle) e eu morávamos na casa dela e dormíamos, os cinco, no mesmo quarto. Vivíamos uma situação econômica complicada.

Mesmo morando em um condomínio popular, todos os meus amigos estudavam em escolas particulares, menos eu. Eram de classe média baixa. Confesso que eu me sentia envergonhado, me achava inferior, pois meus pais não tinham condições de pagar a mensalidade. Infelizmente, a educação pública vem sendo sucateada há tanto tempo que se criou a percepção de que o ensino privado é sempre melhor.

O fato é que inventei para meus amigos que estudava numa escola particular. Era difícil sustentar minha invenção. Eu ficava na janela, na hora de ir para a escola, verificando quem passava pela rua para poder sair sem ser visto. Quando me certificava de que nenhum conhecido estava passando, eu descia depressa e ia caminhando o mais rápido possível até o ponto de ônibus. Lembro-me de mirar um ponto fixo e simplesmente andar, torcendo para que ninguém me visse com o uniforme da escola. No ponto de ônibus, era outro drama se a condução demorava a chegar. E nem sempre era possível entrar pela porta da frente, ou seja, de graça. Eu não tinha o dinheiro da passagem e, infelizmente, apesar de estar vestido com o uniforme da escola (que era a forma como os motoristas identificavam se a pessoa era ou não estudante da rede pública), o direito à gratuidade, na prática, nem sempre era plenamente garantido. Muitos motoristas bloqueavam minha entrada, o que só aumentava minha vergonha. Também cheguei a usar casacos para esconder o uniforme, mesmo em dias de muito calor. Quando algum amigo estranhava a roupa, eu dizia que estava gripado e com febre, por isso sentia frio.

Eu não elaborava muito essa permanente sensação de inferioridade, a insegurança. Apenas sentia e buscava minhas estratégias de inserção no grupo. Contudo, não era só isso. Sempre fui muito ligado à família de minha mãe, todos brancos. Introjetando referências racistas, mesmo que não soubesse disso na época, eu desejava ter a cor da minha mãe. Dizia, ainda muito novinho, com cerca de cinco anos: "Mãe, não quero ser marrom". Por uma razão que eu desconhecia, não queria ser escurinho. Sequer usava a expressão "preto", tão longe de mim parecia estar. Sempre que meus primos chegavam, eu fazia questão de tomar banho para deixar o cabelo molhado. Assim ele ficava mais liso e eu me sentia mais bonito. Eu tomava vários banhos por dia. Eu sentia vergonha da minha cor, do meu cabelo, da minha escola, da minha condição social. Eu era só uma criança, mas esse imaginário já rondava minha mente.

Por isso o tema do racismo não é conceitual ou algo que pertença a um passado distante. Qual o impacto para uma criança de não ver heróis ou professores da sua cor? O que ela aprende sobre sua cor se todas as expressões linguísticas e de imagem associam o preto ao que é ruim, menor? É aí que se criam a sensação do não lugar, da inadequação permanente (e o consequente desejo de ser aceito) e o silêncio sobre a própria condição. Sem falar nas piadas, nas humilhações públicas, no olhar atravessado, nos achincalhamentos cada vez mais frequentes no contexto da adolescência. Vale ressaltar que, quanto mais escura a cor da pele, maiores a exposição e a vulnerabilidade diante da sociedade racista.

Ainda na minha infância, lembro-me da Igreja. Havia um livro de evangelização infantil que usava apenas cores. Era o livro "sem palavras". Ele começava indicando que somos pecadores e que o pecado nos afasta de Deus. A cor que aparecia para indicar essa condição era o preto. Quando conhecemos Jesus e sabemos que ele deu sua vida em nosso lugar, temos a chance de nos arrepender de nossos pecados. A cor que aparecia para expressar essa condição era o vermelho, uma referência ao sangue de Jesus derramado na cruz. A partir da fé nele, nos reconciliamos com Deus, nos tornamos novas pessoas e temos nossas faltas perdoadas. Essa condição era representada pela cor branca. Será que foi por causa de referências assim que eu não queria ser marrom?

E o que dizer da escola e do currículo escolar? Nosso ensino de História do Brasil basicamente desconsidera a presença africana na formação do nosso povo e da nossa sociedade. Quando se ensina sobre as características econômicas do Brasil colonial, se faz referência ao sistema de "plantation", baseado em latifúndio, monocultura, produção voltada ao mercado externo e trabalho escravo. A partir desses componentes se estruturava grande parte da economia colonial. Em outras palavras, o sequestro violento e arbitrário de milhares de seres humanos de sua terra se tornava apenas um dos aspectos daquele modelo econômico. Um dos maiores e mais prolongados genocídios da Idade Moderna é tratado como traço, aspecto de um modelo econômico e nada mais.

Outro detalhe é que numa sutileza da linguagem os negros são denominados, na maioria dos livros, como "escravos", não "escravizados". Percebe a diferença? Na primeira formulação há quase uma naturalização dessa condição, não se aponta seu caráter arbitrário e violento. A segunda formulação é mais consistente, pois indica com precisão que se trata de pessoas que foram colocadas de forma violenta numa condição desumana.

Também se desconsidera completamente toda a história precedente dos negros, sua riqueza cultural e multiculturalidade, sua influência nas ciências, na gastronomia, na arquitetura, na matemática, nos esportes, enfim, no conhecimento humano acumulado ao longo do tempo. É o problema da história única, que na prática tem consequências nefastas. Ela é nada menos que o racismo epistêmico já dito aqui. Entendemos o mundo a partir do olhar eurocêntrico, patriarcal e branco, e tudo é medido e valorado com base nesse modelo. E esse olhar não é sequer percebido como um ponto de vista, mas reproduzido com status de naturalidade e normalidade.

E, assim, mais crianças negras se retraem e tantas outras, como eu, dizem para seus pais: "Eu não quero ser marrom". Essa frase é apenas uma variação de "eu não quero ter a cor do pecado", "eu não quero ter cabelo duro", "eu não quero parecer um macaco", "eu não quero me sentir mal na escola", "eu não quero ser alvo de humilhação". E ainda existem aquelas crianças que não dizem isso nem para elas mesmas. Talvez a náusea, a asfixia e a insegurança permanentes nunca sejam conscientemente elaboradas. Casaco em dia de calor e banho para molhar o cabelo eram estratégias de sobrevivência numa sociedade desigual e estruturalmente racista, e eu não fazia a menor ideia disso.

* * *

Outro ponto que só recentemente começamos a recuperar e a discutir: sempre houve resistência à escravidão. De muitas maneiras, o povo negro buscou sua liberdade. Os quilombos talvez sejam uma das principais expressões de sua resistência, ou pelo menos uma das mais conhecidas, mas o fato é que havia uma oposição cotidiana e múltipla. Os africanos não eram passivos, e depois de escravizados não deixaram de lutar — fugas individuais, abortos, envenenamento de senhores, a própria dança, o canto, a religião também eram formas de reação.[2] Porém, a despeito de tanta luta, a escravidão acabou de forma negociada e sob o controle das elites. A preocupação geral era com a perda econômica, ninguém pensou nas devidas reparações para aqueles que haviam sido escravizados. Passaram a estimular a vinda de imigrantes europeus, que seriam melhores trabalhadores e ainda trariam o suposto benefício do embranquecimento gradual da população.

Mas, voltando à resistência do povo negro, aprendi muito mais sobre as senzalas do que sobre os quilombos na escola. Muitas vezes me senti estranho com essa abordagem, mas não pensava muito nisso: ainda não me via como negro. Só aos poucos, por meio de conversas e da aproximação com o movimento negro, é que fui me dando conta. Então fui percebendo minha cor, minha ancestralidade, minha ligação com meu povo. Fui ganhando disposição para enfrentar o racismo que roubou minha identidade. Muito recentemente, por influência e inspiração da Carol, minha companheira, deixei pela primeira vez meu cabelo crescer. Nem fazia ideia do que ia dar. Fui descobrindo os cachos, o enlace dos fios. Confesso que ri para o espelho e gostei do que vi. Quis mais e mais! Fui buscar produtos para cabelos como o meu. Eu, que sou meio relaxado, hoje vivo preocupado em manter meus cachos. Da vergonha ao cuidado, do silêncio à vontade de fala, do constrangimento ao orgulho. Simples milagres da conversão de lentes.

A partir dessas mudanças pessoais, na condição de professor, passei a enfatizar a resistência do povo negro à escravidão. E fazia isso da maneira mais inflamada e apaixonada. Contudo, eu dava aulas em escolas particulares de classe média, e em todas elas a presença de negros era mínima. Um ou dois por turma, quando havia. E algo estranho acontecia. Era evidente o desconforto dos meus alunos negros. Minhas palavras entusiasmadas causavam um efeito devastador: eles murchavam, a cabeça baixa, se distraíam. E eu me perguntava: "Se estou enfatizando a resistência dos negros, por que o constrangimento?".

Hoje acho que entendo melhor. Não basta falar da resistência, pois a história negra vai além do contexto da escravidão. Mais do que reação, somos ação. Temos uma história que precede a da escravidão. E sabe por que eu não falava disso? Eu não conhecia a história do povo negro. Minha formação escolar não me deu isso e minha formação acadêmica também não. Eu tinha avançado na perspectiva de demonstrar que a escravidão foi algo profundamente violento e que nunca contou com a passividade do povo negro, mas não falava da riqueza cultural da ancestralidade negra e toda sua influência no mundo. Quando me coloquei no lugar dos meus alunos negros, ou seja, troquei minhas lentes, ganhei um novo olhar sobre a questão.

No início dos anos 2000 tivemos o avanço da Lei nº 10639, que tornou obrigatório o ensino sobre a África nas escolas.[3] Contudo, para que a lei ganhe concretude, ainda temos uma longa caminhada. As resistências são múltiplas. Comumente professores que tentam implementá-la sofrem rejeição de alunos, de outros professores, diretores e pais. "Como assim, vão ensinar macumba para meus filhos?" "Vão ensinar práticas demoníacas para nossas crianças?" Infelizmente, essas são expressões comuns.

Aqui chegamos à dimensão do racismo religioso, que, na verdade, é o racismo estrutural atravessando a dimensão religiosa. Nessa parte, são muitas as lágrimas que tenho de colocar no papel. Não sei se elas chegarão aos seus olhos também. A experiência cristã é fundante em minha vida, e encontrar na minha própria formação traços racistas, machistas e intolerantes é doloroso. Por isso, antes de refletir sobre racismo religioso, proponho uma pausa à imaginação.

Venham comigo para a noite, sei lá, meio da madrugada. Ouçam o silêncio, olhem para a imensidão do céu. O ideal é que não tenha luzes ao redor, para que o céu ganhe a maior projeção possível no seu campo visual. Sempre que falo de Deus, gosto dessa imagem de algo tão vasto que beira o indescritível. Diante dele, palavras se esgotam, conceitos perdem força diante da verdade do Amor. Será que seu coração se aquietou? Ouçam sua respiração. Vejam todos os povos e suas línguas, culturas e crenças se aproximando. Vocês conseguem ouvir os sons e sentir os cheiros de toda essa gente? Uma estranha paz, ainda que inquieta, vai tomando seu coração. Então sopra uma brisa e ela lembra que mesmo nos dias mais nebulosos ainda há beleza. Diante de seus olhos há um espelho que tudo revela. Uma nudez de alma nos expõe a nós mesmos. As culpas dão lugar ao aprendizado e o medo cede lugar ao Amor. No meu espelho, vi minhas lágrimas e pude sorrir. Ainda no mistério da madrugada, imaginem o espelho se quebrando e o mundo se apresentando aos seus olhos. Tantas cores! É gente! Então o sofrimento humano não passa mais despercebido diante de seus olhos. O grito do oprimido ecoa em seu íntimo, destronando toda arrogância. A paixão pela humanidade amadurece seus conceitos e os desperta a perguntas que ainda não foram feitas. Outros cenários surgem. Como será o mundo sem as lentes do racismo? O que faremos diante de tamanha beleza? Não é apenas emoção, mas tomada de consciência. Inevitavelmente, há dor nessa desconstrução, pois não é fácil se reinventar. Mas são essas lágrimas que salvam nosso coração. Acreditem, a vida pode ser mais intensa diante dessa experiência.

Criei esse ambiente da madrugada e do silêncio apenas como sugestão poética, mas cada pessoa tem seu processo e seus símbolos de ruptura e transformação. O que me parece essencial e que procuro demonstrar neste livro é que, para construir uma humanidade mais justa e feliz, não podemos depender apenas de conceitos e formulações teóricas, mas de mudanças profundas no coração.

Fui formado em uma ambiência religiosa pela qual, por inúmeros aspectos, sou muito grato. Contudo, isso não me impede de perceber traços problemáticos que hoje se apresentam muito distantes da minha percepção do Evangelho. Quando eu passava em frente a uma igreja católica, ela significava apenas uma experiência religiosa diferente da minha. Tinha o mesmo sentimento em relação a uma mesquita, sinagoga ou centro espírita. Entretanto, ao passar por uma oferenda na rua ou por um terreiro de religião de matriz africana, quase que instintivamente me sentia impelido a dizer que estava "repreendido em nome de Jesus". De onde vinha essa seletividade?

Haviam me ensinado a olhar para a umbanda e para o candomblé como expressões de maldade e perigo. Eu não era um adolescente mal-intencionado e não tinha nenhuma disposição para atos de crueldade contra as pessoas adeptas daquelas religiões. Sempre tive muita vontade de conviver com pessoas diferentes de mim. Eram as lentes que eu usava, sem perceber, que moldavam a maneira como eu enxergava aqueles ritos. Toda experiência religiosa ligada à ancestralidade africana é vista, ainda hoje, como algo do mal, é "demonizada". Naquele momento, eu adotava uma postura racista da qual não me dava conta.

Recentemente, fui dar uma palestra sobre tolerância religiosa em uma escola municipal na cidade do Rio de Janeiro. Eram alunos do ensino fundamental, do oitavo e nono anos. Expliquei o conceito de Estado laico, aquele que não se deixa mover por nenhuma paixão religiosa e resguarda o direito de crença de todas as religiões. Apontei a importância da tolerância, pois ela, ao menos, impede a violência, ainda que tenha frisado que é insuficiente, porque no fundo a existência da outra pessoa permanece insuportável, já que aprendo a, no máximo, tolerar sua presença. Indiquei que o respeito é mais potente, porque nos leva a reconhecer a dignidade daquele que pensa e crê de forma diferente da nossa. Por fim, afirmei que melhor ainda é a solidariedade, pois ela gera um movimento de ir ao encontro, de conviver e comungar nas diferenças. Expliquei que, historicamente, as religiões de matriz africana são as mais perseguidas em nosso país. Admiti que boa parte da experiência cristã foi impositiva e violenta com relação às religiões afro-brasileiras e que essa postura se distancia dos ensinamentos de Jesus.

Quando abrimos para debate, vários estudantes me perguntaram por que deveriam respeitar religiões que faziam "trabalho" contra eles. "Mas de onde vocês tiraram isso?", perguntei. Não souberam explicar com exatidão, sabiam apenas que essas práticas existiam.

Por trás da minha reação na adolescência e do questionamento das crianças há um contexto histórico. As contradições e os desafios são enormes. Pensem comigo na imagem de um senhor branco com um chicote na mão e um crucifixo no peito açoitando um homem negro. Essa imagem não ficou no Brasil colonial, ainda hoje está presente, e simboliza uma contradição, pois a cruz deveria nos lembrar de que Jesus foi vítima dessa mesma tortura e violência, não é mesmo?

Ao longo da história, o fundamentalismo religioso transformou mensagens de amor em instrumentos de intolerância. Trata-se de uma concepção que é incapaz de conviver com a diferença. A raiz desse fenômeno, muitas vezes, é o racismo religioso, outro chão da nossa história. O racismo se projeta na dimensão religiosa e amplia a intolerância. Alguns dos ataques contra credos de matrizes africanas são praticados por pessoas ligadas ao tráfico, mas o problema vai muito além desses grupos. Há um olhar que, através da deturpação da mensagem cristã, trata as manifestações culturais e religiosas afro-brasileiras como algo a ser eliminado. Como pastor, lamento ver esses discursos — que não representam toda experiência evangélica — estimularem ataques. Jesus morreu vítima desse mesmo ódio, por isso é triste ver sua memória usada para produzir e legitimar a violência.

Para superarmos a intolerância, nós, cristãos, também precisamos refletir sobre o racismo na teologia. Por que a imagem de Jesus, um homem do Oriente Médio, é branca? Por que a ideia de um Jesus negro incomoda e requer tantas explicações? Por que os anjos são sempre brancos? Quantas crianças negras já foram impedidas de representar Jesus ou anjos em peças teatrais nas igrejas? Isso não é natural.

O desafio está colocado. O problema não está na experiência religiosa em si, mas na apropriação dela por discursos que não acolhem a diversidade. É preciso fortalecer o Estado laico, o diálogo e a ação comum entre as diferentes religiões. Como pastor, quero estar ao lado dos povos de santo na luta por uma sociedade livre do fundamentalismo, do extremismo e do racismo. Precisamos construir juntos um amém e um axé pela paz.

Não me parece possível a reconciliação sem reparação e superação dos mecanismos de injustiça. O Brasil dos brancos é um, o dos negros é outro, e o das mulheres negras é ainda outro. Não se trata de querer criar um clima de guerra e divisão, mas de entender que essas realidades desiguais e injustas acontecem. O que precisamos é enxergar! Trago aqui algumas informações de uma pesquisa divulgada pelo *Nexo*.[4]

Quando se trata de óbitos infantis de crianças de zero a quatro anos em 2016, fica evidente que mais crianças "pretas e pardas" morrem por causas "claramente evitáveis" (essas nomenclaturas são das pesquisas analisadas no artigo). Isto é, quando há deficiência no acompanhamento da gestação ou atenção médica no parto, o índice de negros mortos é muito maior do que o de brancos. É reveladora a afirmação da historiadora Hebe Mattos: "O lugar em que se nasce, condições financeiras da família e acesso a atendimento básico de saúde afetam todas as pessoas indistintamente, mas, quando condições desfavoráveis nestes quesitos atingem indivíduos negros, às desvantagens sociais soma-se a força do racismo estrutural que, de certa forma, as naturaliza".

Com relação ao acesso à educação, essa mesma pesquisa verifica que nos anos de 2000, 2010 e 2017 havia maior número de negros "atrasados" nas etapas de ensino superior, médio e fundamental, tomando como referências sua idade, assim como havia uma baixa proporção de negros no ensino superior em comparação com os brancos. Desigualdade no acesso à educação leva à desigualdade no acesso ao mercado de trabalho. E muitos dos meninos negros que terminavam o ensino fundamental abandonavam a escola no decorrer do ensino médio. De acordo com a socióloga Márcia Lima, uma das razões para entender esse gargalo é o ambiente escolar "que discrimina muito, e onde os jovens negros sofrem muito descrédito institucional".

Mais uma vez, reafirma-se como esse não lugar e o silenciamento sobre o negro levam à autorrejeição, à baixa autoestima e, até mesmo, à desistência da escola. Outra explicação possível é a má distribuição do sistema educacional nas áreas mais pobres. Isso porque nem sempre é possível manter o funcionamento regular de uma escola em áreas de conflito, onde geralmente mora uma maioria negra. Se no ensino médio já existe a diminuição da presença negra, o cenário é ainda mais complexo no ensino superior. Contudo, há que se registrar o importante avanço das cotas raciais como medida paliativa e de perspectiva reparadora. Além de aumentar a presença de negros nas universidades públicas (em que as cotas raciais são utilizadas), houve um incremento do debate racial no país.

Outro drama que demonstra a ferida racial é a violência. O índice de homicídios é extremamente alto e a juventude negra (entre quinze e 29 anos), a principal vítima. Jovens negros e negras morrem em quantidade maior do que o dobro da de brancos, e o homicídio é responsável por quase metade das mortes. Além disso, dados do Instituto de Segurança Pública mostram que, no Rio de Janeiro, nove entre dez pessoas mortas pela polícia são negras (pretas e pardas). Essa não é uma realidade casual ou aleatória, tem a ver com a construção da imagem do negro como perigoso e criminoso. Sobre esse tema, a historiadora e professora da Escola de Ciências Sociais da Fundação Getulio Vargas (FGV) Ynaê Lopes dos Santos afirma: "Essa foi uma construção muito marcante da virada do século XIX para o século XX, quando a ideologia racialista não só ditava as políticas públicas, mas também formava os quadros intelectuais brasileiros. Sendo assim, uma das medidas a serem tomadas é uma reformulação das polícias civis e militares que precisam ser (re)educadas a partir de perspectivas históricas e sociológicas que as façam compreender as razões e o panorama da desigualdade social, econômica e racial do país".

Com relação à representação política, também se evidencia a discrepância entre negros e brancos. Foi feita uma comparação considerando gênero, raça e cor, e a presença de homens brancos é maior no número de candidatos, no dinheiro recebido pelos partidos e na presença efetiva nas câmaras municipais. O historiador Luiz Augusto de Campos afirma: "O que a gente percebe é que a falta de oportunidades sociais, como acesso a educação e renda, bens, cria uma discriminação com efeitos políticos. Para se tornar político, é preciso fazer parte de certa elite educacional, de renda ou outra. Já que o negro está excluído dessas elites, ele também está excluído desse espaço político".

O jurista e pesquisador do tema da representatividade no Legislativo, Osmar Teixeira Gaspar, arremata afirmando: "Desde o período colonial a população branca fala e toma decisões políticas em nome dos negros no Brasil. Essa ideia com o tempo acabou sendo naturalizada. O racismo institucional faz com que boa parte dos brasileiros ainda hoje reconheça a ocupação desses postos de prestígio majoritariamente ocupados por brancos mais ricos como algo natural, como se fosse um direito inalienável destes".

Escolhi esses fatores (mortalidade infantil, acesso à educação, violência e representação política) como indicativos da atualidade e do caráter estrutural do racismo em nossa sociedade. O desafio é grande, e não se pode falar em justiça no Brasil sem uma profunda reparação racial. James Cone, importante teólogo negro norte-americano, definiu justiça como retirar dos opressores seus privilégios e os instrumentos que lhes conferem esses privilégios para a plena libertação dos oprimidos. Portanto, justiça não é vingança ou reprodução de violência, mas construção de mecanismos que permitam verdadeira igualdade. Não me refiro à igualdade abstrata, a da letra da lei. Considero de tamanha importância o conceito de equidade, que é tratar os desiguais de forma desigual tendo como objetivo a verdadeira igualdade. Apenas tocando nos privilégios estabelecidos pelo elitismo e pela branquitude poderemos construir um país verdadeiramente justo e igualitário. Essa é uma mudança econômica, política, cultural, mas que precisa necessariamente acontecer no coração e no olhar dos homens e das mulheres do nosso povo.

Se o olhar eurocêntrico inventou o negro como inferior, desautorizamos esse enclausuramento para afirmar nossa existência digna, nossa ancestralidade, nosso direito de ser em plenitude, de rir e chorar, de ser fraco e ser forte, de ser gente. É o justo direito de restituir humanidades negadas e avançar na construção de um futuro de paz. É uma necessidade ética, uma reverência aos negros e negras do passado e um ato de esperança. Gosto de pensar esperança como Paulo Freire, pois ele dizia que a esperança não vem do verbo esperar, que pressupõe certa passividade, mas do verbo esperançar, ou seja, fazer a esperança acontecer.[5] Ou nas palavras do poeta Maiakóvski, "é preciso/ arrancar alegria/ ao futuro",* ou ainda nas palavras de Brecht: "nada deve parecer natural, nada deve parecer impossível de mudar".**

---

* Poema de Vladímir Maiakóvski escrito em 1926, em homenagem ao poeta Sierguéi Iessiênin (1895-1925), que se suicidara.
** Trecho do poema "Nada é impossível de mudar", de Bertolt Brecht.

Seja qual for o caminho, há a necessidade de fazer, de se movimentar, de sair do lugar, de se inquietar diante das injustiças e transformar a indignação em ação consciente e consequente. Tantas vezes dá vontade de desistir diante das dificuldades. Bate um sentimento de impotência. Como não se sentir frágil diante do poder do Estado, da grande mídia, das corporações internacionais, do capital financeiro? Contudo, é preciso resistir e apontar caminhos. A esperança é uma espécie de alimento e de oxigênio, sem ela não podemos viver.

Rubem Alves fazia uma distinção curiosa entre otimismo e esperança. Otimismo é quando olhamos para a realidade a partir de dados e indícios positivos. Então o otimismo depende desta análise. A esperança é quando, mesmo diante de uma situação completamente adversa, em que não há nada de bom para se apegar, ainda assim prosseguimos por intuição e por convicção interior de que é o certo a se fazer. A esperança é independente de qualquer fator. Apesar de vivermos tempos estranhos e nebulosos, temos razões para o otimismo. Vejo uma primavera feminista e negra resistindo e reivindicando direitos. A juventude está ocupando as escolas e discutindo o papel da educação. Os jovens das favelas têm falado a partir de seu lugar, afirmando suas raízes e denunciando a violência do Estado. Há coletivos culturais tomando as ruas, se perguntando onde estão as mulheres na mídia e na política. Os LGBTs estão lutando por seus direitos. Meus irmãos e irmãs de fé, falando agora da minha experiência cristã, têm retomado uma leitura mais popular da Bíblia, afirmando o compromisso radical de Deus com os oprimidos da Terra. E tem o colo da minha mãe, o beijo da minha esposa e o sorriso da minha filha. A música de Caetano, a poesia de Sérgio Vaz e os jogos do Flamengo. E ainda que não houvesse nada disso, o que mais podemos fazer? Havia razão para otimismo entre os irmãos e irmãs que estavam no porão dos navios negreiros? No que eles podiam se apegar para serem otimistas? Se o povo negro resistiu, foi porque se alimentou e viveu da esperança, afirmando a prevalência da vida mesmo nos dias mais difíceis. Então nos cabe caminhar e mostrar que o racismo não é um problema só dos negros, mas de toda a sociedade. Vidas negras importam, todas as vidas importam!

A esperança é um bastão que se deve levar adiante. A esperança que vem com a resistência de Dandara, o grito de Zumbi, o testemunho de Tereza de Benguela, a ousadia do povo Malê, a coragem de João Cândido, a imponência de dona Ivone Lara, a arte de Ruth de Souza, a inteligência de Maria Carolina de Jesus, o sonho de Luther King, o punho erguido de Malcolm X, a visceralidade de Angela Davis, a perseverança de Mandela, a voz de Milton Nascimento, a grandeza de Milton Gonçalves, a escrita de Lázaro Ramos, a luta de Rafael Braga, a força de dona Rose (mãe de Maria Eduarda), a fé libertadora de Joana Raphael, o brilhantismo de Conceição Evaristo e a vida de Marielle Franco.

DUDA PRESENTE

Maria Eduarda tinha onze anos e queria ser jogadora de basquete. Ela estava apaixonada pelo esporte. Brincava na quadra de sua escola, no bairro de Costa Barros, no Rio de Janeiro, quando começou o tiroteio. Como tantos outros alunos, correu. Mas quatro balas atingiram seu corpo e ela morreu ali mesmo, no pátio da escola. Tratava-se de mais um confronto entre policiais e traficantes em nome da guerra às drogas. A bala, como comprovado pela perícia, partiu da polícia. A morte de Duda tem a marca do Estado, de sua violência e de sua ação letal nas favelas e periferias. No dia seguinte, inúmeras notícias falsas circulavam na internet, mostrando cenas como a de Maria Eduarda com uma arma na mão. Uma tentativa espúria de associá-la ao tráfico e assim justificar sua morte. As mães que choram a perda de seus filhos nessas situações têm recebido escárnio de parte da sociedade. Entendo que ninguém, absolutamente ninguém, merece morrer. Duda era uma menina negra e pobre, e o ódio racial de nosso país a julgou. Sua morte não bastou, era preciso enterrar também sua memória. O racismo mata mais de uma vez.

MARIELLE PRESENTE

Marielle tinha 34 anos. Mulher, negra, vinda do Complexo da Maré, encarou muitas portas fechadas para se formar em ciências sociais na Pontifícia Universidade Católica do Rio (puc-Rio) e fazer mestrado na Universidade Federal Fluminense (uff). Sempre esteve ligada à pauta das mulheres, dos negros e negras, dos moradores e moradoras das favelas. Eu a conheci pessoalmente. Tinha uma presença marcante e energia inconfundível. Sua voz era firme — até seu cumprimento era forte! —, um olhar que carregava o futuro. Ela me dava um tapão nas costas quando nos despedíamos um do outro e geralmente dizia: "A vida é dura, bebê". E ela sabia bem disso.

Eu às vezes sentia que ela não tinha muito tempo para sofrer, por isso sempre empurrava a si mesma e aos que a cercavam para a frente. Marielle foi a quarta vereadora mais votada nas eleições de 2016 no Rio de Janeiro. Construiu um mandato composto majoritariamente de mulheres e priorizou a pauta da negritude. Entrou em um lugar que não era feito para ela. E ali se impôs, marcou presença preenchendo aquela institucionalidade fria com vozes e corpos da dissonância, da resistência e do futuro. Certa vez, em um discurso sobre a luta das mulheres, um homem que estava na galeria da Câmara começou a gritar frases de elogio ao período da ditadura militar. Ao que pronta e firmemente Marielle respondeu: "Não serei interrompida". Firme, continuou seu discurso, sua luta.

No dia 14 de março de 2018, ao sair de uma atividade chamada "Mulheres negras movendo as estruturas", Marielle entrou no seu carro, dirigido por Anderson Gomes. Ao seu lado estava a amiga Nanda. Ela não sabia, mas já havia homens de tocaia. O carro de Mari foi seguido e na altura do largo do Estácio o outro carro se aproximou. Um dos homens atirou diversas vezes. Marielle morreu ali mesmo, assim como o motorista Anderson Gomes.

Naquela noite choveu intensamente no Rio de Janeiro, parecia um protesto de Deus. Eu tinha acabado de viajar para Salvador, para participar de uma mesa no Fórum Social Mundial. Meu voo era às 21 horas. Despedi-me da minha esposa e da minha filha e, assim que o avião aterrissou, liguei meu celular para avisar que havia chegado. Lembro-me de ver muitas mensagens, mas não li nenhuma, queria ligar primeiro para Carol. Então ela me disse que havia acontecido algo muito ruim: "Executaram a Marielle". Fiquei desorientado. Na hora senti muito medo, esse foi o sentimento prevalente. Fui para o setor de desembarque para procurar a pessoa que me receberia e me levaria para o hotel. Estava confuso, não raciocinava direito, sequer consegui chorar. Depois de muito custo encontrei o rapaz que me aguardava e disse que não podia ir para o hotel. Precisava voltar para o Rio. Liguei para o pastor Joel, que mora em Salvador e também estaria no Fórum. Contei o que havia acontecido e ele prontamente, junto com o pastor Welington, foi ao meu encontro. Eles me salvaram naquela noite. Chegaram, me abraçaram forte e calmamente. Ofereceram-me abrigo, mas insisti que queria voltar. Eles me ajudaram a comprar a passagem de volta para as 3h15 da madrugada. Eu nem coloquei o pé fora do aeroporto. Fiquei ali com eles um tempo e o medo já começou a se transformar em saudade. Aos poucos, me dava conta de que já não veria ou ouviria Mari. Naquela semana havíamos nos falado várias vezes pelo telefone, tentando arrumar nossas agendas para um encontro.

Houve solidariedade do Brasil e do mundo todo. Marielle se tornou símbolo da resistência negra e feminista. Eu preferia que ela estivesse aqui. Mas de fato sua morte é aquele tipo que aponta para vida, que dribla os algozes, surpreende os promotores do ódio e encoraja quem quer um mundo de paz, livre das opressões. Mari não foi interrompida! Nem aquelas balas foram capazes de fazer isso. Contudo, logo no dia seguinte de sua morte, começaram a circular nas redes sociais notícias falsas associando-a ao tráfico. Mais uma vez o ódio machista e racista cegava o entendimento. Mas este livro é dedicado à vontade de viver com dignidade e liberdade e, portanto, é também dedicado a Maria Eduarda e a Marielle Franco. Respeitando a dor como lugar sagrado, é a esperança que insiste e resiste em querer um mundo em que Duda voltaria para o colo de sua mãe e Marielle chegaria segura em casa para abraçar sua companheira e seguir com sua luta. Como diz uma linda canção de esperança, "Irá chegar um novo dia, um novo céu, uma nova terra, um novo mar. E nesse dia os oprimidos, a uma só voz, a liberdade irão cantar".[*]

---

[*] Da canção "Irá chegar", da banda PJ e Raiz.

Entre no seu quarto e feche a porta

Sempre inspirado no Evangelho, mantenho dentro de mim o direito ao sonho e à utopia. Sonhar é se manter vivo e aceitar os riscos de fazer a esperança acontecer. Mais uma vez me lembro das palavras e da trajetória de Jesus.

Como já expliquei aqui, Jesus viveu em uma época em que a capacidade de seguir fielmente uma quantidade impressionante de mandamentos era o que ordenava o cotidiano. Tudo estava no registro do permitido e do proibido, do lícito e do ilícito, do que Deus abençoa e do que Deus amaldiçoa. Havia um excesso de regras disciplinando a experiência com Deus, relacionada a uma dependência do Templo como lugar exclusivo de adoração e da figura do sacerdote como referência máxima de autoridade religiosa. Havia uma constante e contínua avaliação do comportamento das pessoas. O resultado era um sentimento permanente de culpa, uma sensação incurável de dívida moral, uma hipocrisia quase crônica pela impossibilidade de viver com integridade e sem medo do julgamento alheio. E também era uma padronização comportamental forçada e violenta, em função da supressão das individualidades. O resultado era o reforço do poder dos sacerdotes e do Templo, como referencial de expiação de pecados e de reconciliação com Deus.

Jesus percebeu nesse modelo um fardo pesado sobre os ombros, o coração e a consciência do povo. Talvez por isso tenha insistido tanto no amor como referencial absoluto de seus ensinamentos e como marca indispensável para quem desejava segui-lo. Jesus não quis produzir uma religião, mas apresentar e viver um projeto de nova sociedade a partir da radicalidade do amor de Deus.

Há um texto belíssimo em que Jesus chama os discípulos para um lugar íntimo de oração. Está no Evangelho de Mateus, capítulo 6, versículo 6. "Você, porém, quando for orar, entra no seu quarto e fecha sua porta. Ora ao seu Pai em segredo, em segredo ele vai recompensar você."

Quando Jesus, segundo a memória dos Evangelhos, diz a seus discípulos para entrarem no quarto, fecharem a porta e falarem com Deus em segredo, ele está desautorizando completamente esse modelo religioso baseado no controle, na culpa, no medo e na centralidade do Templo e dos sacerdotes. A oração íntima no quarto guarda uma carga de rebeldia e de autonomia.

Refleti longamente sobre esse versículo, que é um dos que mais gosto. A melhor tradução, inclusive, não seria "quarto", pois o termo original que aparece em grego é "tameion", que seria uma espécie de lugar da bagunça, um local onde se colocam os entulhos ou os tesouros escondidos da casa. Sabe quando chega aquela visita inesperada, a casa está toda desarrumada e saímos catando tudo e jogamos em determinado lugar antes de abrir a porta? Pois é, é nesse lugar de relativa bagunça, que não mostramos aos visitantes, que Jesus convida seus discípulos a falar com Deus. Vejam a revolução desse convite! É como se dissesse: "Abandone esse lugar de controle que rouba você de você mesmo, inibe seus afetos, demoniza seus desejos, controla seu corpo, vigia seus passos, julga suas ações, silencia suas angústias, mata suas utopias, adoece sua mente, entristece seu semblante, abaixa sua cabeça e torna amarga sua experiência com Deus". Ao mesmo tempo, é também como se dissesse: "Tire suas máscaras, olhe firmemente para dentro de você mesmo, olhe mais uma vez e quantas forem necessárias até que seja capaz de reconhecer suas paixões, acolher suas pulsões, abraçar suas fraquezas, conversar com seus erros, elogiar suas esquisitices, se amar, fazer carinho na sua existência. Venha para esse lugar onde Deus aguarda você, com serenidade, o olhar terno de amor irrevogável e incondicional".

No versículo de Mateus, aparece também a palavra "Pai" para se referir a Deus. Essa palavra era inusitada na época para fazer referência a Deus, mas foi utilizada recorrentemente por Jesus. E não era um uso qualquer, desprovido de significado, pois apontava para um lugar de liberdade, afetividade, proximidade com Deus, que está muito além da observância rígida, cega e acrítica dos mandamentos. As palavras não ficam presas ao tempo, e, mais importantes do que a literalidade, são o princípio, o sentido e a essência. Então, não precisamos ficar restritos ao termo "Pai", pois essa pode não ser uma boa referência de amor para todos nós. Mudem como quiserem as palavras, busquem com liberdade suas referências. Pode ser o Deus vovó, que fazia um lanche gostoso para você quando criança. Pode ser o Deus mamãe, que cobria você antes de dormir. Pode ser o Deus vovô, que contava histórias para alegrar seus dias. Pode ser o Deus vento, se essa força da natureza é a que mais renova seu ser. Pode ser o Deus ondas do mar, se esse é o som que mais convida seu ser à mais plena liberdade.

Mais importantes que termos, palavras ou expressões são o sentido e a profundidade de seus conteúdos. Entrem no quarto da sua existência para ali esbravejar e dançar e suspirar e chorar e cantar e gargalhar. Deem socos no ar, protestem contra o mundo, até contra Deus. Deus prefere o protesto de quem o busca de verdade do que a obediência de quem vive pelo medo e pelo ódio. Livrem-se dos tentáculos dos controles sociais, para que possam encontrar a essência de seu eu. Entrar nesse quarto exige coragem. Trata-se de encarar desejos inconfessos. Nele, não devemos buscar palavras, mas apenas sentir, pulsar, ser e estar presentes. Esse processo não é simples, pois vivemos num mundo de excessivas distrações, cheio de informações e entretenimento contínuo. Na correria do dia a dia, vamos nos esquecendo de nós mesmos. Por isso a religião é importante, ela oferece momentos para se religar à natureza, ao universo, ao seu corpo, à sua espiritualidade.

Como o fundamentalismo religioso formata, enquadra, julga e exige, somos condenados a ser uma eterna repetição de nós mesmos, ou melhor, do que fizeram de nós. Vivemos, na maior parte das vezes, no automático. Uma sequência de dias uns atrás dos outros. A religião deve incitar a entrar nesse quarto, ainda que seja difícil, pois significa abandonar certezas, assumir mudanças para ser fiel à própria verdade, ganhar liberdade de inventar a si mesmo.

Cresci numa Igreja conservadora, de conteúdo teológico e doutrinário fundamentalista. Não olho para esse contexto da minha infância e adolescência com mágoa. Estranha e serenamente, guardo gratidão. Não pertenço mais a esse lugar, mas reconheço que vivi ali experiências incríveis. Quando quase perdi minha visão, a Igreja foi muito mais do que uma instituição conservadora, materializou-se em círculo de afeto e amizade que salvou e alentou meu coração nas vigílias de oração. Mas também havia muitas expectativas. Eu tinha de ser um pastor naqueles moldes, com aquela formulação doutrinária, com aquele conjunto de crenças. Então entrei no quarto.

Não foi fácil me descobrir, me inventar, me reconstruir. As pessoas me tacharam de herege, desviado, perdido... e eram pessoas queridas, que haviam crescido comigo. Minhas certezas se transformaram em dúvidas e foi como se Deus estivesse escapando pelos meus dedos. Foi doloroso, mas ao mesmo tempo maravilhoso e libertador. Essa caminhada é um processo que implica tatear o sagrado e abraçar a si mesmo. Não consigo mais ver Deus restrito aos limites da minha experiência religiosa. Hoje acolho mais os riscos e não limito minha compreensão. É bonito ver Deus na multiplicidade. Foi incrível arriscar me jogar no teatro, no cinema, na palhaçaria. Creio que, fora disso, não seria verdadeiro e, não sendo verdadeiro, não descobriria a verdade, e, fora da verdade, não há Deus. Mas entendam que o conceito de verdade não está no dogma, na doutrina ou numa infinidade de mandamentos, mas em se admitir imperfeito, em construção. É aí que a pluralidade brota, que o universo chama, que o espelho revela muito mais do que o rosto. Lembro-me da canção "Caçador de mim", de Milton Nascimento.

Por tanto amor
por tanta emoção
A vida me fez assim
Doce ou atroz
Manso ou feroz
Eu, caçador de mim...

Preso a canções
Entregue a paixões
Que nunca tiveram fim
Vou me encontrar
Longe do meu lugar
Eu, caçador de mim...

Nada a temer
Senão o correr da luta
Nada a fazer
Senão esquecer o medo...

Abrir o peito
À força numa procura
Fugir às armadilhas
Da mata escura...

Longe se vai
Sonhando demais
Mas onde se chega assim
Vou descobrir
O que me faz sentir
Eu, caçador de mim...

 Essa canção traduz muito do que quero dizer e, sinceramente, imagino que seria uma das músicas preferidas de Jesus. Acho que ele a colocaria para tocar no quarto, em lindos momentos de oração e bate-papo com o Pai, Mãe... Mas isso é só imaginação mesmo, e é uma pena que o fundamentalismo religioso nos roube ou interdite a capacidade de criar e nos culpe por alimentá-la. Há momentos dessa música que me cortam a carne, que me abrem para mim mesmo. Para me encontrar, preciso sair do meu lugar, ir ao encontro do "eu" que se permite ser à medida que se descola, caminha, encontra outros "eus" diferentes. Ter a coragem para descobrir de fato o que me faz sentir, isto é, o que realmente me faz vivo, ativa as possibilidades da minha vida. Então me lembro das palavras de Djavan, "Vou andar, vou voar, para ver o mundo,

nem que eu bebesse o mar, encheria o que eu tenho de fundo".*
Há dentro de mim, de vocês e de nós um oceano mais profundo e mais misterioso do que o próprio oceano. É arriscado mergulhar, mas é frustrante só olhar. Prefiro o risco do mergulho!

Essa é a margem de liberdade criativa e criadora que o fundamentalismo religioso rouba de nós e, assim, na prática, acaba nos roubando de nós mesmos. Trata-se de um modelo que massacra a individualidade, silenciando nossas vozes interiores. Não é essa narrativa que tem ganhado força hoje no Brasil? Um ódio latente da liberdade, corporeidade, sexualidade e pluralidade existente em cada um de nós! Não é à toa que essa violência política e aversão à democracia vêm atravessadas de forte imaginário religioso fundamentalista. É o reforço das instituições de controle e da exaltação de figuras "fortes" como garantidoras da ordem. É para que ninguém tenha coragem de ir para o quarto tornar-se protagonista da própria vida.

Há um caráter antifascista na vida de Jesus. Fiz uma oficina com o grupo de teatro Tá na Rua, comandado pelo professor e mestre inspirador Amir Haddad. É uma linguagem teatral incrível, baseada na liberdade para manifestação da nossa própria essência. Durante horas, guiados por uma viagem musical e com muitas roupas e tecidos à nossa disposição, fizemos daquela sala um mundo novo. As cenas ocorrem na potência da individualidade que se encontra na coletividade. Não tem certo ou errado, porque tudo depende da sinergia, da interação das pessoas. Como temos acesso a várias fantasias, viajamos no tempo, nas culturas, na ancestralidade. Não há textos decorados ou roteiros predefinidos. Surgem então tropas e trupes, elfos, fadas, reis, rainhas em festas, enterros, cortejos... Não é representação, é experiência.

---

* Da canção "Seduzir".

A sala do Tá na Rua também é esse quarto do qual Jesus falou. Nela vou vencendo minha timidez, acolhendo minhas limitações físicas, permitindo-me sorrir do meu jeito. Uma das frases mais marcantes que ouvi ali foi que a linguagem do Tá na Rua é mais uma proposta do que um protesto. Ou seja, à medida que conquistamos nossa essência, já desautorizamos as autoridades opressoras que tentam roubar nossa autenticidade.

Epílogo
Há um menino

Gostaria de terminar este livro de reflexões, memórias e sonhos fazendo referência a uma das dimensões que mais têm a capacidade de enfrentar os discursos de ódio e construir um mundo mais humano e generoso. Estou me referindo à dimensão da infância. Quem sabe um dia a brincadeira consiga livrar a humanidade do caos, da mesquinhez, da ganância e de sua própria destruição.

Como sinto saudades daquele menino que corria atrás de uma bola de meia na casa da vovó. Esse menino sou eu, ainda posso vê-lo e, em parte, senti-lo. Eu passava a manhã com meus avós, esperando a hora de minha mãe chegar para me levar à escola. Assistia televisão no colo do meu avô. Sofrendo de Alzheimer, ele já não usava muito as palavras, e elas nem sempre tinham muita conexão. Mas ele falava de coisas do passado, da sua história e de seu trabalho. Minha família diz que ele sempre foi um homem de poucas palavras, muito elegante e sério. Foi a vida inteira agricultor, amava a terra e as plantas, nasceu e cresceu no interior do Rio de Janeiro. Simples, sempre trabalhou muito para sustentar e educar os seis filhos. Apesar de fechado, nem por isso foi menos amoroso. Hoje ele vive em minha imaginação, meu avô Sebastião, ou melhor, vovô Tião.

Sobre a vovó Ruth, já falei muito aqui. E, enquanto escrevo, sinto o cheiro do café que ela fazia ou do feijão ficando pronto para o almoço. Às onze horas da manhã era o momento de ir para o banho e depois almoçar. Sinto o calor daquele aconchego. Venho de uma família pobre, mas eu era o menino mais rico do mundo. Sonho com um mundo em que todas as crianças possam simplesmente brincar... e em que de alguma maneira a brincadeira não se perca na vida adulta.

Eu fazia uma bola de meia e corria pelo corredor da casa, um apartamento no Fonseca, bairro popular da cidade de Niterói. Tinha três quartos, um banheiro, copa, cozinha e sala. Eu aproveitava cada pedacinho dele, que podia virar um estádio de futebol lotado em minha imaginação. Correndo com a bola, eu jogava no Flamengo, meu time do coração, e a história era sempre a mesma. Era final de campeonato, o Flamengo perdia por 2 a 0 e o empate ainda dava a vitória para o time adversário. Então eu participava da jogada que originava o primeiro gol da virada e incendiava a torcida. Mais para o final do jogo, cerca de quarenta minutos do segundo tempo, eu fazia uma jogada brilhante e marcava o gol de empate. Eu comemorava com os outros jogadores me jogando na cama da minha avó. Era muita adrenalina. Mas, lembrem-se, o resultado do empate ainda dava o título ao time adversário. Então, geralmente aos 47 minutos do segundo tempo, já nos acréscimos, em mais uma jogada épica eu fazia o gol do título! Era uma explosão de alegria. Corria em direção à torcida, arriscava um grito na janela, abraçava meu avô, corria para a cozinha, voltava para o quarto, ia ao banheiro jogar água no rosto. Mas não acaba aí! Quando a bola rolava novamente para os instantes finais da partida, eu tomava uma entrada violenta de um jogador adversário e caía estirado na sala, me contorcendo de dor. Era cuidadosamente erguido pelos médicos do clube e saía mancando em direção ao quarto, sendo ovacionado pela torcida. Eu erguia minhas mãos em sinal de agradecimento, fazia um semblante de dor e de emoção e concedia entrevista aos repórteres. Então o jogo acabava, as pessoas me abraçavam tanto que eu não conseguia terminar as entrevistas e ia comemorar o título com o time e a torcida. Quando davam onze da manhã, a festa continuava no chuveiro.

Tinha dias que não era jogo de futebol, mas campeonato de gaivota de papel. Nunca fui bom de dobradura, mas aprendi a fazer umas gaivotas muito simples. Pegava lápis de cor e pintava cada uma de uma cor. Aí me posicionava no fundo do corredor, o mais distante possível da sala. Ali era o ponto de lançamento. Então pegava cada uma das gaivotas e lançava em direção à sala. A gaivota que chegasse mais longe ganhava dez pontos. A que ficava em segundo lugar ganhava seis pontos. A terceira colocada, quatro pontos. As outras não pontuavam. Acho que eram umas seis gaivotas. Tenho a impressão de me inspirar na pontuação da Fórmula 1 da época. Ficção e realidade sempre se misturam. Então eu anotava no papel a pontuação de cada gaivota e, ao final de dez corridas, tínhamos a gaivota campeã!

Eu também usava os dois travesseiros verdes do quarto da minha avó. Colocava um na minha frente e outro nas minhas costas, os prendia com um cinto que pegava no armário do meu pai ou do meu avô. Pronto: eu era uma Tartaruga Ninja! Geralmente o Michelangelo. E assim corria pela casa fazendo movimentos de luta marcial. Essa também era uma boa desculpa para pedir pizza.

* * *

Eu me sentava no sofá da sala com uma bacia, três chinelos e um pente. A bacia ficava sobre as minhas coxas, os chinelos eu colocava no chão, um ao lado do outro. O pente ficava do meu lado direito, na vertical, preso no vão do sofá. A bacia era o volante, os chinelos eram acelerador, freio e embreagem e o pente, a marcha. Eu era então um motorista de ônibus. Passava horas dirigindo, fazendo os caminhos da cidade de Niterói que eu conhecia. Deixava as crianças das escolas públicas entrarem pela frente, sem o fiscal ver. Tinha um senso de justiça ali e também de reparação, pois várias vezes eu, como estudante de escola pública, era barrado na condução.

E havia meus dois amigos imaginários: o Carlos e o Marcos. Lembro-me de conversar com eles no intervalo das minhas brincadeiras. Minha memória é meio difusa nesse ponto e não sei o porquê desses nomes. Acho que não inventei esses amigos por solidão, mas por ter uma mente muito ativa e criativa. O fato é que não é preciso quase nada para que uma criança brinque: meias viram bola; papel vira gaivota; bacia vira volante; travesseiro verde vira tartaruga ninja; e o invisível vira outra criança.

Depois cresci um pouquinho e fui para a rua do condomínio jogar bola descalço no asfalto, brincar de pique-pega, pique alto, pique-esconde, taco, bolinha de gude... Então vieram novos amigos, a espera ansiosa dos sábados para poder descer e encontrar a turma. Ah, minha infância... Será que é por isso que meu herói preferido é o Peter Pan?

Em muitos momentos minha mente viaja por esse tempo. Há um passado no meu presente, e lanço mão dele quando sinto medo, quando estou sobrecarregado, ressentido e magoado com alguém, quando me frustro por não realizar meus sonhos, quando me sinto perseguido ou vejo a maldade das elites que devoram o pobre, quando me deparo com a alienação política de pessoas boas, quando ouço palavras violentas ditas pelos que governam, quando me sinto contraditório e frágil diante de tudo que me cerca, quando acho que fiquei frio, insensível e mecânico demais, quando a agenda me asfixia e me vejo numa correria desprovida de afeto, quando tenho crise de ansiedade, quando vou ao médico monitorar como está a minha visão.

Quando tudo isso, ou parte disso, se coloca diante dos meus olhos, eu me lembro do menino que eu era e ele me estende a mão. Ele me salva de mim, me apresentando a quem eu realmente sou. Ele me lembra de que posso ser o meu próprio público, minha melhor companhia e o melhor aplauso. Com ele ao meu lado percebo que brincar é resistir à frieza de um mundo cada vez mais sem coração. Ele me lembra de que tempo vazio é tempo criativo. Ele me lembra de que um colo pode ser um oceano de amor. Ele me desperta gratidão. Ele me faz vencer os opressores.

Acho que agora entendo um pouquinho mais Jesus, quando ele disse que às crianças pertence o Reino de Deus. Então tenho vontade de rir dos líderes religiosos fechados em suas amarguras e traumas, apegados ao próprio poder e nele afogados, tutelando corpos, vigiando individualidades e odiando a liberdade e a diversidade. Sinto também compaixão. Uma boa dose de infância tornaria a vida melhor, não acham? Creio que Jesus se cansou da vaidade "adultocêntrica", das disputas de poder entre seus discípulos. O fundamentalismo não gosta da liberdade da gargalhada e das invenções da mente. Jesus viu Deus na espontaneidade e na simplicidade das crianças.

Eu não sei como foi a infância de quem está me lendo agora. Ela pode ter muitos traumas e muita dor. As histórias de vida são diferentes e vivemos num mundo brutalmente injusto. Mas, para além das nossas lembranças individuais, chamo a atenção para a infância como esse lugar de criatividade, espontaneidade e simplicidade. Essa infância derruba ditadores, converte opressores, oferece esquecimentos e recomeços, vive a radicalidade do momento. Espero que essa infância acompanhe seu olhar daqui para a frente. Não se esqueçam, tudo é uma questão de olhar, das lentes pelas quais enxergamos para dar sentido ao mundo! Acredito que há uma lente infantil capaz de tirar de nossos olhos as lentes fundamentalistas, machistas, racistas, lgbtfóbicas, elitistas, enfim, as lentes que nos impedem de amar incondicionalmente e sentir a vida do outro dentro de nós.

Vem, meu menino, me estenda a mão e me dê um abraço, brinque comigo e me ensine a brincar. Lutemos pelo direito ao riso. Sejamos militantes do futuro, agindo com amor no presente, olhando a vida a partir da experiência dos oprimidos e fazendo do riso um sinal de resistência interna e das lágrimas, um grito de esperança. Até sempre.

Agradecimentos

A Deus, cujo amor incondicional ganhou meu coração.
A Caroline Inácio, minha companheira e melhor amiga.
A Glaucia Vieira, mãe, maior inspiração da minha vida.
A Petrucio de Lima, pai, cuja leveza e bom humor me ajudaram em dias difíceis.
A Ruth Vieira, vovó, memória que acalma meu coração.
A Martin Luther King, que me inspira a lutar por um mundo de igualdade e justiça.
A frei Tito de Alencar Lima, cuja memória me inspira a lutar em defesa dos pobres e da democracia.

Notas

O FUNDAMENTALISMO RELIGIOSO COMO PRODUTOR DE ÓDIO [pp. 48-71]

1. Projeto de Lei nº 00086/2016. Plano aprovado com emendas em julho de 2016.

2. Dorothy Mae Stang nasceu em Dayton, nos Estados Unidos, em 1931. Brasileira naturalizada, fazia parte da congregação católica internacional Irmãs de Nossa Senhora de Namur, que reúne mais de 2 mil mulheres que realizam trabalho pastoral por todo o mundo. Ingressou na vida religiosa em 1950 e emitiu seus votos de pobreza, castidade e obediência seis anos depois. Chegou ao Brasil em 1966, e, desde então, esforçou-se em prol dos trabalhadores rurais da região amazônica. Defensora da reforma agrária, atuou nos movimentos sociais do Pará, ganhando reconhecimento nacional e internacional. Depois de receber inúmeras ameaças de morte, foi assassinada com seis tiros aos 73 anos, no dia 12 de fevereiro de 2005, em uma estrada de terra a 53 quilômetros do município de Anapu. O fazendeiro Vitalmiro Moura, o Bida, acusado de ser o mandante do crime, foi condenado em um primeiro julgamento, mas foi absolvido num segundo. Houve ainda um terceiro julgamento, em que foi novamente condenado pelo júri popular a trinta anos de prisão. Para saber mais, ver o documentário *Amazônia revelada*, lançado em 2005, que homenageia irmã Dorothy. Informações retiradas de <observatoriodaevangelizacao.wordpress.com/2015/02/11/pequena-biografia-da-martir-irma-dorothy-stang/>. Acesso em: 9 dez. 2018.

JESUS PARA O NOSSO TEMPO [pp. 72-92]

1. Carlos Mesters, *Com Jesus na contramão*. São Paulo: Paulinas, 2014.
2. Ibid.

AMAR OS OPRESSORES... SERÁ? [pp. 93-106]

1. A Associação Nacional de Travestis e Transexuais (Antra), publicou, em 2018, o "Mapa dos Assassinatos de Travestis e Transexuais no Brasil em 2017". Infelizmente, o levantamento revela que 179 pessoas trans foram assassinadas (uma a cada 48 horas), o que coloca o Brasil no primeiro lugar do ranking mundial de assassinatos de travestis e transexuais. A maior concentração dos assassinatos foi na região Nordeste, a grande maioria das vítimas utilizava a prostituição como fonte de renda e 80% delas eram negras ou pardas. (Relatório completo disponível em: <antrabrasil.files.wordpress.com/2018/02/relatc3b3rio-mapa-dos-assassinatos--2017-antra.pdf>. Acesso em: 5 fev. 2019.)
2. Dados do Grupo Gay da Bahia (GGB). Disponível em: <oglobo.globo.com/sociedade/a-cada-25h-uma-pessoa-lgbt-assassinada-no-pais-revela-pesquisa-21350643>. Acesso em: 30 nov. 2018.
3. Isabela Alves, "Expectativa de vida de transexuais e travestis no Brasil é de 35 anos", Observatório do Terceiro Setor, 14 maio 2018. Disponível em: <observatorio3setor.org.br/noticias/expectativa-de-vida-de-transexuais-e-travestis-no-brasil-e-de-35-anos/>. Acesso em: 30 nov. 2018.

O MEDO NÃO É BOM CONSELHEIRO [pp. 107-118]

1. "Madrugada em claro ao som de tiros e explosões", *O Globo*, 4 set. 2004, Caderno Rio, p. 15.
2. "Banhistas são surpreendidos por menores que saem drogados de buraco no calçadão", *O Globo*, 30 maio 2005, Caderno Rio, p. 15.
3. Relatório da Sociedade Civil para o relator especial das Nações Unidas para execuções sumárias, arbitrárias e extrajudiciais. Rio de Janeiro, 2007. Citado em: Marcelo Freixo, "Prisões, crime organizado e exército de esfarrapados". Disponível em: <www2.mppa.mp.br/sistemas/gcsubsites/upload/60/Pris%C3%83%-C2%B5es,%20crime%20organizado%20e%20ex%C3%83%C2%A9rcito%20de%20esfarrapados.pdf>. Acesso em: 24 jan. 2019.

4. Trecho final da sentença que absolveu os policiais civis, citada por Flávio Bolsonaro em discurso na Alerj. Disponível em: <alerjln1.alerj.rj.gov.br/taqalerj. nsf/3620b663fe7fd44f832565370043e8be/eac4e524530a951683257 ca800716808?OpenDocument>. Acesso em: 30 nov. 2018.

O RACISMO É O CHÃO DA HISTÓRIA DO BRASIL [pp. 119-146]

1. Segundo a campanha Vidas Negras, lançada pelas Nações Unidas em novembro de 2017. Ver: "ONU Mulheres chama de 'escândalo' morte de 23 mil jovens negros por ano no Brasil", ONUBR, 8 fev. 2018. Disponível em: <nacoesunidas.org/onu-mulheres-chama-de-escandalo-morte-de-23-mil-jovens-negros-por-ano-no-brasil/>. Acesso em: 3 jan. 2019.

2. Sobre o tema, ver: Lilia Moritz Schwarcz e Flávio dos Santos Gomes, *Dicionário da escravidão e liberdade*. São Paulo: Companhia das Letras, 2018. Os ensaios desse livro mostram a complexa relação, que envolve resistência e lutas, entre negros escravizados e brancos no Brasil

3. Lei de janeiro de 2003 que modifica a Lei nº 9394, de 20 de dezembro de 1996, que estabelece as diretrizes e bases da educação nacional, incluindo no currículo oficial da rede de ensino a obrigatoriedade da temática "História e cultura afro-brasileira".

4. Murilo Roncolato, Rodolfo Almeida, Gabriel Zanlorenssi, Gabriel Maia, Tuanny Ruiz, Wellington Freitas, José Orenstein, "130 anos pós-Abolição", *Nexo*, 12 maio 2018. Disponível em: <www.nexojornal.com.br/especial/2018/05/11/130-anos-p%C3%B3s-aboli%C3%A7%C3%A3o>. Acesso em: 5 fev. 2019. Todas as informações (e citações) a seguir foram retiradas dessa reportagem especial.

5. Paulo Freire, *Pedagogia dos sonhos possíveis*. São Paulo: Editora da Unesp, 2001.

1ª EDIÇÃO [2019] 4 reimpressões

ESTA OBRA FOI COMPOSTA PELO ACQUA ESTÚDIO EM INES LIGHT
E IMPRESSA EM OFSETE PELA LIS GRÁFICA SOBRE PAPEL PÓLEN SOFT
DA SUZANO S.A. PARA A EDITORA SCHWARCZ EM MARÇO DE 2021

A marca FSC® é a garantia de que a madeira utilizada na fabricação do papel deste livro provém de florestas que foram gerenciadas de maneira ambientalmente correta, socialmente justa e economicamente viável, além de outras fontes de origem controlada.